청소년들의 진로와 직업 탐색을 위한
잡프러포즈 시리즈 34

피부과학의 전문가
피부과의사

청소년들의 진로와 직업 탐색을 위한
잡프러포즈 시리즈 34

피부과학의 전문가 피부과 의사

김지영 지음

TALK SHOW

"

꿈을 기록하는 것이 나의 목표였던 적은 없다.
꿈을 실현하는 것이 나의 목표이다.

- 만 레이, Man Ray -

"

"

완벽함이 아니라
탁월함을 위해서 애써라.

- H. 잭슨 브라운 주니어, H. Jackson Brown Jr. -

"

C·O·N·T·E·N·T·S

C·O·N·T·E·N·T·S

피부과의사 ____

김지영의 ____

프러포즈 ____

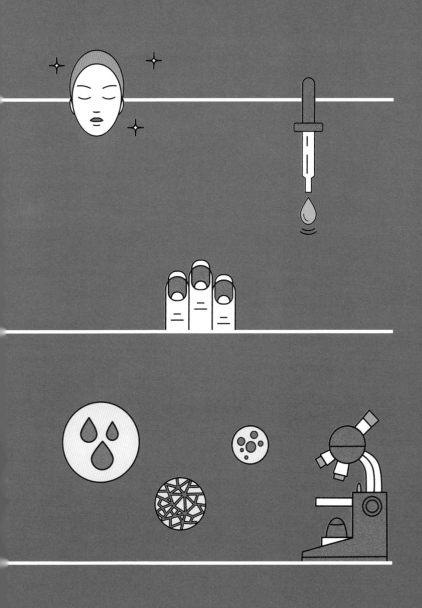

Propose

안녕하세요. 여러분

혹시 피부 고민이 있나요?

혹은 가족 중에 피부질환을 가진 분이 있나요?

저는 어렸을 때부터 피부 문제에 관심이 많았어요. 아버지가 '건선' 때문에 매일 피부약 바르는 모습을 지켜보았기 때문이죠. '건선'은 만성 피부질환 중 하나라 유명하다는 병원은 다 다니셨는데도 좋아지지 않았어요. 나중에는 소문을 듣고 용하다는 약국까지 찾아가셨죠. 저도 따라 함께 갔는데, 아직도 그 약국으로 가는 좁은 골목길이 생각나요. 아버지의 손을 붙잡고 길을 걷는 내내 이 병을 꼭 고쳐드리고 싶다는 생각을 했죠. 아버지에게 건강한 피부를 선물해 드리고 싶었어요.

그런데 건강한 피부란 무엇일까요?

건강한 삶이란 무엇일까요?

단지 질병이 없는 상태를 건강이라고 하진 않아요. 세계보건기구
(WHO) 헌장에서는 건강을 질병이 없거나 허약하지 않은 것 외에 신
체적·정신적·사회적으로 완전히 좋은 상태라고 정의했는데요. 이처
럼 모든 면에서 완전히 좋은 상태를 건강으로 정의한다면, 건강한 피
부 또한 단지 피부 질병이 없는 상태만을 뜻하진 않겠죠? 건강한 피
부란 피부 질병이 없는 상태와 건강한 생활습관을 통해 몸과 마음이
건강하게 어우러져 있는 상태의 결합이라고 할 수 있어요. 평생 질환
에 시달릴 것만 같았던 저희 아버지도 적절한 피부과 치료와 더불어
식습관 관리, 금주, 꾸준한 운동을 통해 건선을 이겨내고 건강한 피부
를 되찾으셨죠.

저는 아버지처럼 병원을 찾는 많은 분들에게 손을 내밀 수 있는 제 직업을 사랑해요. 사람들을 도울 수 있는 일이라서 그렇기도 하지만, '피부과학' 자체가 재미있는 학문이기도 하고, 환자들이 좋아지는 모습에서 보람을 느껴서이기도 하죠. 많은 의사들이 그렇겠지만 저 역시 선생님 덕분에 좋아졌다는 말을 들으면 엄청나게 뿌듯해요. 피부 문제란 게 누구나 안고 있는 고민이다 보니 그 어떤 의사보다 많은 사람들에게 도움을 줄 수 있고, 그 도움의 결과가 눈에 바로 보이기 때문에 늘 보람과 만족감을 느낄 수 있죠.

피부는 '나'라는 사람의 물리적 경계가 되며, 나의 외적 이미지를 만들고, 감정과 몸의 상태를 표현하는 아주 오묘한 구조물이에요. 나를 이루는 매우 중요한 요소이죠. 이 책이 건강한 피부란 무엇인지 생각해 보는 기회가 되어도 좋고, 아직 꿈이 없는 친구들에겐 피부과의사에 대해 관심을 가지는 계기가 되어도 좋겠어요. 피부과 전문의라는 꿈을 가지고 이 책을 든 학생이라면 그 꿈을 향해 가는데 좋은 안내서가 되었으면 하고요. '피부과학'의 전문가, 피부과의사의 세계로 여러분을 초대할게요.

첫인사

편 **토크쇼 편집자**

김 **피부과의사 김지영**

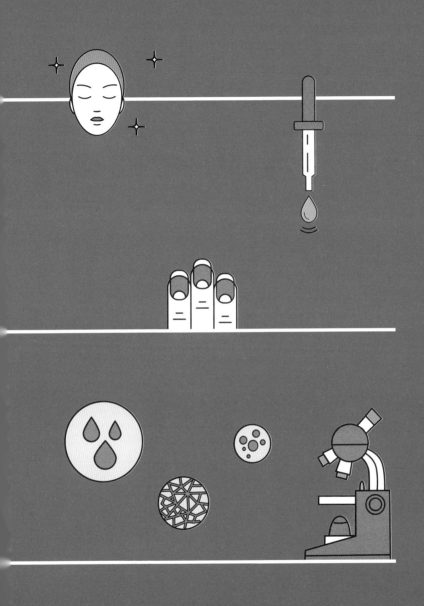

편. 먼저 자기소개를 부탁드려요.

김. 안녕하세요? 저는 피부과 전문의 김지영이라고 해요.

편. 이 일을 한지는 얼마나 되셨나요?

김. 제가 2008년에 전문의 자격증을 취득했으니 피부과 전문의로 일한 지 올해로 12년이 되었네요. 개원한지는 약 9년 정도 되었고요.

편. 의사 중에서도 특별히 피부과의사를 선택한 이유가 있나요?

김. 저희 아버지가 건선이 있어요. 건선은 피부에 인설이 생기는 난치 질환이라 늘 약을 발라야 하는데, 등은 손이 잘 닿질 않으니 제가 대신 발라 드리곤 했죠. 예전에는 치료제가 없어서 유명하다는 한약방 같은 델 찾아다니며 고약을 사서 바르기도 했고요. 그런 아버지의 모습을 보면서 어려서부터 의사가 되고 싶다는 생각을 했고, 의과대학에 들어가게 되자 예과 때부터 피부과를 전공하겠다고 마음먹었죠. 또 피부과학의 기초 학문인 피부면역학과 피부병리학을 가장 재밌어하기도 했고요.

편 이 직업을 프러포즈하는 이유는 뭔가요?

김 여러 종류의 전문의 중 피부과의사는 직업만족도가 매우 높은 편이에요. 우리 주변 사람들만 봐도 피부에 문제가 없는 사람은 거의 없잖아요. 학창 시절에 여드름 때문에 괴로웠던 경험이나 이유를 알 수 없는 종기나 두드러기로 인해 고생했던 경험은 전혀 특별한 이야기가 아니죠. 피부 문제를 여드름이나 건선, 아토피와 같은 질환뿐만 아니라 피부와 관련된 모든 문제로 그 범위를 넓혀서 본다면, 여기에 해당되지 않는 사람은 아마 단 한 명도 없을 거예요. 이 얘기는 저희들이 도와줄 사람들이 굉장히 많다는 뜻이에요. 가까운 가족과 친구들은 물론 피부 문제로 고민하는 수많은 분들에게 도움을 줄 수 있죠.

여드름을 청춘의 상징이라며 별것 아니라고 치부하는 어른들도 있지만, 여드름을 보이기 싫어 고개도 들지 않고 말하는 학생들이 꽤 많아요. 정도가 심한 경우엔 사회적 관계에 공포나 불안을 느끼기도 하죠. 그런 친구들이 치료를 받으며 점점 밝아지는 걸 보면 마음의 상처도 함께 치유된 것 같아 참 뿌듯해요. 생명을 다루는 일은 아니지만, 이처럼 피부 때문에 고통받고 우울해하는 많은 사람들을 치료하며 보람을 느낄 수 있다는 점이 직업만족도에 영향을 주지 않았나 싶어요. 생사를 넘나드는 수술을 하는 것이 아니라

서 상대적으로 부담이 적은 것이나 전망이 밝다는 점도 영향이 있겠고요. 웰빙이나 건강한 아름다움을 추구하는 사람들이 점점 많아지면서 피부과에 대한 수요가 증가하는 추세거든요. 우리나라의 의료 기술 수준이 높아 피부과 진료를 받기 위해 입국하는 외국인도 꾸준히 늘고 있고요.

　　우리의 신체 여러 부위 중 피부는 삶의 질을 가르는 매우 중요한 부분이라, 피부과의사는 의술을 통해 사람들의 삶이 나아지도록 도우며 보람과 기쁨을 느낄 수 있어요. 앞서 얘기한 대로 특정한 누군가가 아니라 피부 문제로 인해 힘들어하는 모든 분들에게 힘이 될 수 있고요. 저 역시 피부과의사로 일하며 사람들에게 도움을 준다는 사실에 자부심과 만족감을 느끼고 있죠. 본인뿐만 아니라 환자들에게도 정신적 만족감을 선사하며, 그들이 정신적으로나 육체적으로나 건강하고 질 높은 삶을 살도록 도와주는 이 멋진 직업을 여러분에게도 프러포즈해요.

피부과의사의

세계

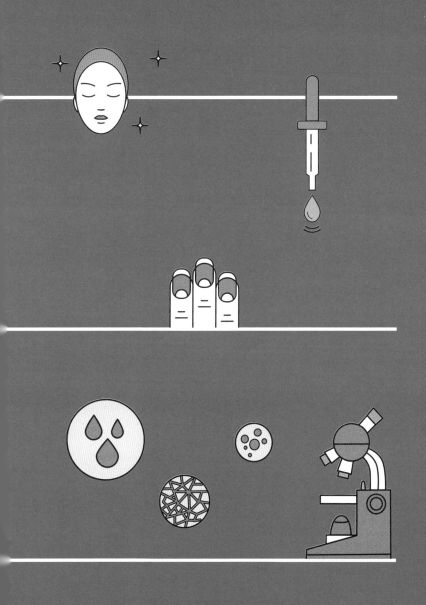

하루 일과가 궁금해요.

편 하루 일과가 궁금해요.

김 저는 아침 10시부터 저녁 7시까지 진료를 보고 있어요. 피부과의 경우 당직을 서거나 응급상황이 생기는 일이 없어서 보통 정시에 시작해서 정시에 끝나요. 산부인과만 하더라도 분만할 산모가 있으면 대기를 해야 하는데, 피부과는 그럴 일이 없어서 소위 워라밸이 잘 맞는 편이에요. 주 5일을 근무하는데, 토요일이 가장 바쁘기 때문에 주중 4일과 토요일 하루를 근무일로 정했고요. 직장인들의 경우 평일 낮에는 시간을 내기가 어렵기 때문에 그런 분들을 위해 오후 늦게까지 진료하거나 공휴일에도 진료하는 피부과 병원이 점점 늘고 있어요.

아침에 출근하면 오전 내내 환자들을 진료해요. 저희 병원이 서울의 중심 상업 지구인 명동에 위치하고 있어서 직장인 환자가 많은데요. 그분들은 보통 12시부터 1시까지가 점심시간이라, 그 시간까지 진료를 보고 1시부터 2시까지 점심을 먹죠. 식사를 마치고는 바로 오후 진료를 봐요. 점심시간을 이용해 병원을 찾는 분들도 많지만 퇴근 후에 오는 분들도 많아서 6시부터 7시까지도 매우 바쁜 편이에요. 환자 수가 일정하지 않기 때문에 쉬는 시간을 미리

독일 Ilja Kruglikov 박사와 초음파 원리에 대한 토론 중

정해놓지 않고 환자의 흐름에 맞춰 중간중간 잠깐씩 쉬는 시간을

갖고 있어요.

일하는 곳은 어디인가요?

편 일하는 곳은 어디인가요?

김 개인 병원을 운영하는 원장인 경우 개인 병원에서, 취직해 일하는 봉직의의 경우 개인 의원이나 병원에서 근무를 하게 되죠. 피부과의사 중 여성의 경우 봉직의 형태로 일하는 분이 많아요. 삶의 질을 중요하게 생각하거나 육아를 해야 하는 분들이 근무 시간을 탄력적으로 조율하기 위해 봉직의로 근무하는 것이죠. 그런 분들은 일주일에 2~3일만 진료하거나 혹은 오전에만 진료를 하는 등의 방법으로 일과 개인의 삶을 균형 있게 유지하고 있어요. 병의원 이외에 대학에서 교수로 일하는 분들도 있고, 한센병원과 같은 의료기관에 초빙되어 한센병 환자들을 치료하고 재활을 돕는 분들도 있죠.

피부과는 미용 산업과도 연관이 많아 보톡스나 필러 회사, 화장품 회사에서 임원으로 근무하는 경우도 많아요. 직접 화장품을 개발하며 사업체를 운영하는 분들도 있고요. 더모 코스메틱이란 Dermatology와 Cosmetics의 합성어로 과학 기술이 접목되어 만들어진 화장품을 뜻하는데요. 그런 회사들은 피부 건강에 도움을 주고 피부 기능이 원활해질 수 있는 제품을 만들기 위해 피부과 전

로레알 코리아

프랑스, 바이오더마

미국, Sciton 레이저

싱가포르, 뉴트로지나

이스라엘, Alma 레이저

문의를 고용하고 있죠. 그 외에 저처럼 자문의로서 화장품 및 의료 기기 회사와 협업을 하는 분들도 있어요.

남성의 경우 병역의 의무가 있기 때문에 의사 면허를 취득한 후 군대에서 군의관으로 일하거나 농어촌에서 공중보건의로 일하기도 해요. 기업이나 정부의 연구소 등 병무청장이 선정한 지정업체에서 연구 개발 활동을 하며 대체 복무를 하는 분들도 있죠. 연구에 뜻이 있거나 학자의 길을 가고 싶어 하는 분들이 이와 같은 전문 연구요원이 되어 군 복무를 대체하기도 해요.

시간이 날 때는 어떤 일을 하나요?

편 시간이 날 때는 어떤 일을 하나요?

김 지금은 코로나19로 인해 거의 중단되어 있지만, 주말에는 학회에 참석하는 일이 많았어요. 피부과의 경우 특히 학회가 많아 춘계나 추계 학회와 같은 큰 행사는 물론 소학회가 거의 매 주말마다 있었거든요. 학회의 발표자가 되는 경우도 있어서 강의를 하게 되면 시간을 내 관련 준비를 하기도 했고요. 코로나19 때문에 요즘엔 오프라인 학회 대신 화상 토론회를 개최하는 일이 많아졌어요. 어제도 퇴근하자마자 집에 와서 컴퓨터로 강의를 들었죠. 그러다 보

기능운동자격증 레벨 1

기능운동자격증 레벨 2

니 여유 시간이 좀 더 많아졌어요. 그렇게 남는 시간에는 운동도 하고 관심 가는 분야의 책도 읽고 있죠. 셀프케어하는 것을 좋아해서 피부 홈 케어나 홈트 요가도 공들여 하는 편이고요.

📖 요즘 주요한 관심사는 무엇인가요?

🔵 마인드풀니스와 마인드 보디 커넥션에 관심이 많아요. 마인드풀니스는 우리말로 하면 마음 챙김 정도로 해석할 수 있을 거예요. 하루에 5분 정도만 시간을 내어 명상을 하거나 호흡을 가다듬으면 뇌가 휴식을 취하게 되어 우리의 몸과 마음이 정화되고 스트레스에서 벗어날 수 있다는 원리죠. 마인드풀니스를 통해 초조함이나

학회활동

불안과 같은 부정적 감정을 해소하게 되면 몸의 긴장이 완화되어 잠도 잘 잘 수 있다고 하고요. 마인드 보디 커넥션이란 사람들의 몸과 마음은 서로 연결되어 있어 우리의 생각이나 감정이 신체와 상호 영향을 주고받는다는 걸 말하는데요. 이와 같은 개념에서 보자면, 몸과 마음이 소통하여 기분 좋은 감정이 질병을 완화시키기도 하고 계속되는 스트레스가 질병을 일으키기도 하는 것이죠. 관심이 많다 보니 시간이 날 때마다 마인드 보디 커넥션과 관련하여 뇌의 작동 원리를 과학적으로 규명하는 뇌과학 책이나 심리학, 무의식과 관련된 책을 많이 보고 있어요.

매력은 무엇인가요?

편 매력은 무엇인가요?

김 우리 신체의 여러 부위 중 피부는 굉장히 독특한 기관이에요. 우선 무게를 기준으로 한다면 몸에서 가장 큰 기관인데요. 그러다 보니 외부로부터의 자극이나 여러 병원체와 직접 접촉하는 기회가 많고 체내의 영향도 받기 때문에 매우 중요한 부분이라고 할 수 있죠. 또한 외부로 가장 먼저 드러나는 기관이라 누구라도 쉽게 인지가 가능해 개개인의 외적 이미지를 결정한다는 것이 가장 큰 특이점이라고 할 수 있어요. 다른 사람이 피부를 통해 나의 이미지를 결정하기도 하지만, 자아 이미지와도 연관되어 있어 내가 나 스스로를 어떤 사람이라고 판단할 때 피부의 상태가 영향을 주기도 하죠.

가장 대표적인 감각 기관이기도 해서 외부의 자극이나 본인의 심리 상태가 피부로 드러나기도 해요. 예를 들어 춥거나 무섭거나 징그러운 것을 보면 살갗이 오그라들며 피부에 좁쌀 같은 소름이 돋기도 하죠. 근심이 있거나 활기가 없을 때면 낯빛이 어두워지기도 하고요. 그런 변화를 본인뿐만 아니라 상대방도 쉽게 인지할 수 있기 때문에 물질적인 자아의 경계가 된다는 점에서 피부가 굉장히 심오하다는 생각이 들고 그 점에 많은 매력을 느끼고 있죠.

앞서도 얘기했듯이 피부에 문제가 없는 사람은 없기 때문에 피부과의사라고 제 소개를 하면 자신의 고민을 얘기할 수 있어 다들 좋아하는데요. 그런 고민을 듣고 도움을 드릴 수 있다는 점도 매력적인 부분이에요. 특히 여성들의 경우 피부 미용은 공통의 관심사 중 하나라 쉽게 대화의 소재가 되어 사람들과 빠르게 친해질 수 있는 기회가 되기도 하죠. 그렇긴 하지만 제 개인적으로는 단순히 미용 차원에서의 피부보다는 피부가 가지는 심오한 의미나 자아와의 관련성에 관심이 많고 더 알아가고 싶어 계속 공부하는 중이에요.

단점도 있나요?

편 단점도 있나요?

김 시각적으로 예민해진다는 것이에요. 피부과의사는 사진을 보고 진단을 내리는 트레이닝을 받아요. 특히 레지던트 때에는 사진을 보여주면 바로 진단을 내리는 포토 미팅이란 걸 정말 많이 하죠. 어떤 질환인지 순간적으로 분석하고 진단하는 연습을 해왔기 때문에 TV를 보게 되면 자신도 모르게 진단을 하게 되는 것이 저희의 직업병이에요. 피부가 주는 정보가 과도하게 입력되기 때문에 눈에 거슬리는 것이 있으면 신경이 쓰이고 프로그램의 내용에 집중하기 어렵다는 점이 이 일의 단점이죠.

기억에 남는 사건이나 환자가 있나요?

편 기억에 남는 사건이나 환자가 있나요?

김 우리나라 청소년들이라면 입시 자체가 트라우마가 되는 경우가 많잖아요. 저 역시 대학교 2학년 때까지 수능 보는 꿈을 꿀 정도로 입시 스트레스에서 자유롭지 못했죠. 어느 날 중학생 남자 아이가 탈모 때문에 내원했어요. 다른 병원에 다녔는데도 낫지 않아 어떤 환자의 소개로 저희 병원까지 오게 되었죠. 머리를 보니 정수리가 거의 손바닥 하나만큼 동그랗게 뚫려 있었어요. 상황이 심각했는데 진료를 하면서 보니 정작 본인은 탈모에 대해 별로 관심이 없다는 느낌을 받았죠. 그다지 심각하게 생각하지 않는 것 같아 "탈모가 고민이 아니라면 치료하지 않아도 돼. 탈모는 질병도 아니니 네가 괜찮다면 치료하지 말자."라고 했는데, 굉장히 기분 나쁜 얼굴로 저를 바라보는 거예요.

우선 학생은 나가라고 하고 어머니와 단둘이 얘기를 해봤어요. 얘기를 들어보니 어머니가 아이를 중국으로 유학 보낼 계획을 세우고 있더라고요. 그런데 아이는 중국에 가기 싫었나 봐요. 그러던 중 탈모라는 문제가 당장 중국에 가지 않아도 될 이유가 되었는데, 제가 치료하지 않아도 된다고 하며 아이의 문제를 제거해 버렸기 때문에 화가 난 것이었죠. 어머니에게 상황을 잘 설명했더니 결국 중국 유학은 취소되었어요. 저는 아무것도 치료한 게 없는데, 한두 달 만에 보니 그 아이의 머리가 다시 나기 시작했죠. 이 학생의 경우 유학으로 인해 가족과 떨어지는 것도 싫고 타지에 대한 두려움도 있었는데, 안 가겠다는 얘기를 할 수 없는 상황이라 스트레스를 많이 받았던 것 같아요. 피부와 마음의 관계에 대해 다시 한번 생각할 수 있었던 기회라 기억에 많이 남네요.

편 탈모 같은 심각한 상황은 아니지만 스트레스를 받으면 손톱을 물어뜯는 사람을 많이 봤어요. 옆에서 보면 무의식적으로 그런 행동을 하더라고요.

김 우리가 무의식중에 가장 쉽게 건드릴 수 있는 게 피부거든요. 그게 얘기하신 손톱이 될 수도 있고 모발이나 목 뒷덜미가 될 수도 있죠. 그로 인해 오는 피부의 변화는 순수한 피부질환하고는 좀 달라요. 개선이 되려면 문제 상황이 먼저 해결되어야 하고, 그러려면 스트레스를 받으면 자신도 모르게 이런 행위를 한다는 것부터 인지해야 하죠. 메타인지를 통해 자신이 모르는 것을 자각하며 스스로 문제점을 찾아 개선해 나가야 하는데, 많은 분들이 무의식적으로 그런 행위를 하기 때문에 인지부터가 쉽지 않아요. 나이가 어린 아이들인 경우 좀 더 어렵고요.

편 가장 인상 깊었던 환자는 어떤 고민을 가진 분이셨나요?

김 저는 기본적으로 피부가 우리의 마음과 연결되어 있다는 사실을 믿고, 그 연결축을 일치시켜주는 것이 결국은 근본적인 치료의 핵심이라고 생각해요. 지금은 이렇게 확신하고 있지만 예전에 피부과 트레이닝을 받던 시절엔 피부만 따로 떼어놓고 배웠기 때문에 직관적으로 그 둘이 연결되어 있음을 알았어도 증명하긴 너무 어려웠죠. 10년 이상 환자들을 보면서 그 직관을 스스로 증명해 내다보니 이제는 확신이 들게 되었고요. 그 연결성에 대해 더욱 관심을 갖게 된 케이스가 있어 소개해 드릴게요.

　70대 여자분이 사타구니 쪽 습진 때문에 내원하셨어요. 습진이 처음 생겼던 30년 전부터 산부인과며 피부과며 좋다는 곳은 모두 찾아다녔는데도 완치가 되지 않고 호전과 악화가 반복되었죠. 피곤하면 심해지고 컨디션이 좋으면 나아지는 것을 거듭해오다 최근 들어 진물이 많이 나와 저희 병원까지 오셨는데요. 습진의 양상을 보자마자 피부암이란 걸 알았어요. 조직 검사를 해봐야 한다고 말씀드리고 검사를 진행했고, 암 진단을 받았죠. 피부암은 유전적인 요인이나 다양한 생리학적 요인으로 인해 발생하는데, 이 환자분은 남편과의 사별이 발병 이유라고 생각하셨어요. 제가 생각하는 피부질환의 원인과 실제 질환을 갖고 있는 사람들이 생각하는 원인이 너무나 상이하다는 것을 느꼈죠. 이를 계기로 마음의 괴로움과 질병의 연결성에 관심을 가지게 되었고, 그 부분을 좀 더 공부해 보고 싶다는 생각을 하게 되었어요.

치료하기 어려운 환자는 어떤 사람인가요?

편 치료하기 어려운 환자는 어떤 사람인가요?

김 과거에 피부질환 치료에 실패했거나 시술에 중독됐거나 만성 피부질환을 가진 경우 치료하기가 상당히 어렵죠. 피부질환 치료에 몇 번 실패하는 바람에 안 좋은 기억이 있고 트라우마까지 생긴 분들은 새로운 방법을 잘 시도하지 않아 치료가 어렵거든요. 과거의 경험으로 비추어보아 어차피 다른 방식을 시도해도 결과는 마찬가지일 거라고 생각해 새로운 치료를 회피하는 것이죠. 그런 분들의 경우 실패를 몇 차례 겪으며 학습된 불안과 무기력을 풀어주는 것이 선행되어야 해요.

피부 미용에 관심이 매우 많고 시술에 중독된 분들도 치료가 어려워요. 도저히 만족을 모르기 때문이죠. 이런 분들의 경우 본인이 생각하는 머릿속의 나Ideal Me와 거울이 비친 실제 내 모습Real Me 사이의 격차가 커지고 스스로를 비교할수록 위축되는 특징을 보이는데요. 보통 실제의 모습이 마음에 들지 않아 계속 뭔가를 시도하죠. 그런 시도들 중에 필러나 보톡스가 있는 거고요. 그렇지만 그런 시술을 해도 결과에 흡족해하지 못해요. 본인이 생각하는 최선의 모습에는 미치지 못하기 때문이죠. 세상에 없는 내 모습을 쫓으며 계속해서 자신을 평가하고 반복되는 시술을 통해 그 허상에 다가가려 하는 등 정도가 심한 경우라면 의사가 시술을 중단할 필요가 있어요.

만성 피부질환을 가진 분들도 치료가 어렵죠. 질환이 너무나 오래되면 아무리 치료해도 좋아지지 않는다고 생각하거나, 개선이 되어도 일시적인 일일뿐 다시금 질환 때문에 고생할 거라 생각해 적극적으로 치료에 임하지 않거든요. '왜 나에게 이런 병이 생겼을까?'와 같은 원망을 가진 분들도 적지 않은데, 그런 감정이 치료 의지를 약하게 만들기도 하고요. 완치까진 아니어도 개선될 수 있다는 긍정적인 마음을 갖고 치료자에 대해 열린 마음을 갖는 것이 필요해요.

주로 어떤 환자를 보나요?

편 주로 어떤 환자를 보나요?

김 피부과 환자를 크게 두 범주로 나누자면, 문제 피부를 가진 사람이 피부에 생긴 문제를 해결하려는 경우와 정상 피부를 가진 사람이 미용을 위해 피부를 더 좋게 하려는 경우인데요. 저희 병원의 경우 여드름이나 홍조, 주사 피부염, 민감성 피부, 만성 피부질환 등의 문제를 가진 분들이 많이 오시죠. 그다음이 노화나 관리 때문에 내원하는 미용 관련 환자들이고요.

편 문제 피부는 대부분 완치가 가능한가요?

김 문제 피부를 가진 분들은 보통 그 문제가 발생하지 않는 상황을 자신의 최대 목표로 잡아요. 그 문제가 해결되면 거기서 치료가 끝났다고 생각하지 더 나은 피부 상태가 되길 원해 그 이상의 목표를 잡는 것은 아니란 거예요. 예를 들어 가려움 때문에 내원한 환자에게 약을 처방해 줘서 가려운 증상이 없어졌다면, 그 환자는 자신이 완치되었다고 생각하죠. 그런 측면에서 본다면 환자의 문제 상황을 해결해 줌으로써 환자가 더 이상 고민한지 않는 단계에 다다르면 저는 그게 완치라고 생각해요.

편 일반적으로 문제 피부가 완치되려면 어느 정도의 시간이 걸리나요?

김 같은 질환이라 하더라도 어떤 사람은 두 달 만에 치료가 되기도 하고, 어떤 사람은 2년 가까이 걸리기도 해요. 그렇지만 보통 나이가 어릴수록 빨리 완치되죠. 의사가 이끄는 방향으로 잘 따라오는 사람일수록 완치 확률이 높고요. 사실 치료 기간이 길어질수록 환자가 지칠 가능성이 많기 때문에 최대한 빠르게 치료가 되도록 서로 노력하는 것이 중요해요.

올바른 정보에 접근하려면 어떻게 해야 하나요?

편 의학정보가 넘치는 시대에 살다 보니 제대로 검토하지 않고 실은 기사나 오류로 보이는 기사를 접하기도 하는데요. 정확하고 올바른 정보에 접근하려면 어떻게 해야 하나요?

김 아무래도 정보의 양이 방대하다 보니 정확한 정보를 골라내기도 어렵고 읽다 보면 헷갈리는 부분도 많죠. 어디에선 좋다고 하는 것이 어디에선 나쁘니 삼가라는 얘기도 많잖아요. 그런 정보들을 토대로 자신의 병을 예단하고 그에 따라 스스로 치료 방향을 세우는 일은 금물이에요. 몸에 이상이 생기면 먼저 병원에 가서 검사를 통해 정확한 진단을 받는 것이 필요하죠. 치료와 동시에 인터넷을 통해 건강한 라이프 스타일 코치나 몸에 좋은 운동 등을 찾아보고 실천하는 정도는 괜찮을 것 같아요. 요즘엔 의사들이 자신의 SNS나 유튜브를 통해 의학 관련 정보를 전달하는 일이 많은데요. 의학이란 게 경험과학이다 보니 의사로서의 오랜 경험이나 공부를 하며 알게 된 의학 지식 등은 신뢰할 만하다고 생각해요. 필요하다면 그런 진짜 정보를 가려내서 도움을 받는 것이 좋겠어요.

편. 내원하는 환자들에게 꼭 들려주고 싶은 얘기가 있다면요?

김. 우리의 피부는 몸과 연관돼 있고, 몸은 마음과 연결돼 있는데, 이 모든 것이 일치되는 것이 치료에서 가장 중요한 점이란 걸 말하고 싶어요. 피부를 건강하게 유지하려면 결국 피부와 몸과 마음이 일치되어야 한다는 뜻이고, 그러려면 건강한 라이프 스타일이 수반되어야 한단 얘기죠. 두 번째로 말하고 싶은 건 자신의 몸에 책임감을 가져야 한다는 것이에요. 환자로서 치료를 받다 보면 수동적이 될 수밖에 없어요. 어떤 치료가 되었든 의료 행위를 받는 입장이라 능동적으로 나설 수가 없거든요. 그렇긴 하지만 반드시 낫겠다는 의지는 가질 수 있죠. 의사는 내 몸을 치료하고 나는 내 마음을 보듬는 치유를 하겠다는 생각으로 완치가 될 때까지 포기하지 않아야 해요. 그래야 의사도 포기하지 않고 최선을 다할 수 있죠.

진료하다가 어려움이 생기면 어떻게 하나요?

편 진료하다가 어려움이 생기면 어떻게 하나요?

김 피부과의 경우 치료의 경과가 눈에 여실히 드러나기 때문에 경과가 좋지 않으면 제 자신을 탓하게 되고 때론 자괴감이 들기도 해요. 그러다 보니 진료 자체에 어려움이 있기보다는 치료가 잘 되지 않을 때 정신적으로 매우 힘들죠. 치료의 한계에 부딪히게 되면 회피하지 않고 정면 돌파하는 게 중요해요. 관련 논문을 찾아 읽거나 동료 의사들과 학술적으로 토론을 하며 적극적으로 대안을 찾아보는 것도 필요하고요. 의사란 평생 공부해야 하는 직업이라 실패가 있더라도 계속 연구하며 새로운 방법을 모색해야 하죠.

편 진찰하다가 병명을 잘 모르겠다 싶은 경우도 있나요? 그럼 어떻게 하세요?

김 아까도 얘기했지만 피부과의사는 사진을 보고 바로 진단을 내리는 트레이닝을 계속해서 받기 때문에 보통은 환자의 상태를 보면 즉시 어떤 질환인지 알 수 있어요. 반대로 내가 잘 모르는 질환이라는 것도 3초면 자각하게 되고요. 곧바로 진단을 내리니 어떤 분들은 자세히 보지도 않고 얘기한다고 성의가 없다고 느끼는데요. 사실 계속 들여다본다는 것은 성의 있는 것이 아니라 병명이 확실치 않다는 뜻이죠. 가끔 그렇게 진단이 어려운 경우가 있는데, 그럼 잘 모르겠다고 솔직히 말씀드려요. 좀 특이한 경우라 확정적으로 말할 순 없지만 먼저 대증치료를 해 보는 것은 어떤지, 혹은 큰 병원으로 보내드릴 수도 있고 일주일 정도 더 지켜볼 수도 있는데 어떤 게 좋은지 묻기도 하고요.

일을 잘 수행하기 위해
따로 노력하고 있는 것이 있나요?

편 일을 잘 수행하기 위해 따로 노력하고 있는 것이 있나요?

김 의사가 되기 위해선 많은 분량을 오랜 시간 공부해야 하는데요. 의사 면허를 취득했다고 공부가 끝나는 것은 아니에요. 의사는 평생 공부해야 하죠. 특히 피부과는 최신 지견 업데이트가 정말 빨라서 조금만 공부를 게을리하면 뒤처질 수밖에 없어요. 다른 병원에서 진료를 받다가 저희 병원에 내원한 환자들이 있잖아요. 그런 경우 히스토리 테이킹이라고 해서 그분들이 그동안 겪었던 증상과

받았던 치료에 대해 들어보는데요. 타 병원의 진료 내용만 들어도 그 병원의 의사가 어느 수준에서 자기학습을 멈췄는지 알 수가 있죠. 새로 업데이트된 지식을 이용해 치료 효과를 높이기 위해 학회 활동도 활발하게 하면서 연구와 공부를 이어나가고 있어요.

애로 사항이 있나요?

편 애로 사항이 있나요?

김 피부과 시술을 많이 하다 보면 육체적으로 매우 피곤해요. 저 같은 경우 의사이면서 병원의 경영자라 두 가지 일을 모두 해내야 해서 더 힘들죠. 교수로 일하는 경우도 의사로서 진료를 해야 하고, 교수로서 학생들을 가르치며 논문도 써야 하니 애로 사항이 있을 거고요. 정신적인 고뇌도 있어요. 치료가 잘되지 않거나 병원 운영에 문제가 발생하면 내가 모자라서 이런 일이 발생한 것 같아 자괴감이 들기도 하거든요. 더 잘하고 싶은 마음에 성장에 대한 집착을 가지거나 둘 다 잘 해내려는 마음에 일중독에 빠지기 쉬운 케이스죠. 그렇게 되지 않으려고, 일과 제 생활의 균형을 맞추기 위해 노력하고 있어요.

편 수술이 많이 힘든가요?

김 국소 마취 수술을 하는 것도 짧게는 20~30분에서 길게는 한 시간 정도가 걸려요. 물론 대학병원 외과에서 몇 시간씩 하는 수술보다는 힘들지 않겠지만, 그런 경우 역할이 분담되어 있고 어시스트를 해 주는 분들도 많잖아요. 개인 의원에서는 마취부터 시작해

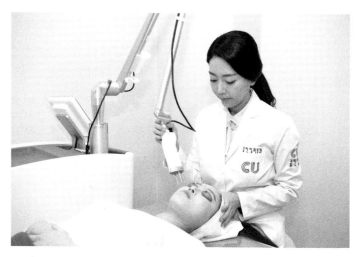

피부 레이저 시술

서 시술하고 봉합하는 것까지 모두 저 혼자 해야 하니 육체적 피로
감이 생길 수밖에 없죠. 수술 외에 레이저 시술 같은 경우도 10~20
분 정도가 걸리는데, 그걸 계속하다 보면 피로가 쌓이고요.

의사는 힘든 직업일 것 같아요.
스트레스는 어떻게 해소하나요?

편 의사는 힘든 직업일 것 같아요. 스트레스는 어떻게 해소하나요?

김 저는 제가 뭘 하면 기분이 좋아진다는 걸 잘 알아요. 당연한 얘기처럼 들리지만 의외로 자신이 뭘 좋아하는지 모르는 분들이 많더라고요. 저는 제 마음을 풀어줄 행위들을 많이 알기 때문에 그런 일들을 하며 그날 쌓인 스트레스는 그날 해소하려고 노력하죠. 예를 들면 운동이나 사우나를 한다든지, 꽃을 사서 예쁜 병에 꽂는다든지, 다른 사람들에게 줄 선물을 산다든지 하는 거예요. 특히 몸과 마음이 모두 힘든 날엔 사우나를 하면 하루의 때까지 씻겨나가는 것 같아 개운하더라고요. 몇 가지 운동기구를 병원 진료실에 놓아두고 틈틈이 스트레칭을 하거나, 아로마 미스트를 뿌려 갑갑했던 공간의 분위기를 전환하는 것도 도움이 돼요. 일과 일 사이에 힐링 요소를 심어놓는 것이죠. 병원에 있는 시간이 많다 보니 병원 직원들과의 공동체 의식을 키워나가는 것도 중요하게 생각하는 일 중 하나예요. 함께 일하는 분들과의 유대 관계가 치유 에너지를 발생시키거든요.

편 사우나는 피부 건강에 좋지 않다고 들었어요.

김 홍조가 있는 경우 사우나가 악화 요인이 되기도 하죠. 반면 아토피 환자의 경우 온천 처방을 내리는 의사들도 있고요. 환자의 상태에 따라 다르지만 일반적으로 장시간의 사우나는 피부 건강에는 좋지 않다고 알려져 있어요. 과한 운동이나 알코올도 그렇고요. 그렇지만 가끔 하는 사우나와 적당한 강도의 운동, 퇴근 후 한 잔의 맥주가 힐링이 된다면 저는 그 정도는 괜찮다고 생각해요. 환자들도 종종 같은 질문을 하곤 하는데, 자기 자신을 위한 모든 행위는 독려하는 편이죠. 우리가 피부만을 위해 사는 건 아니잖아요.^^

몸과 마음의 긴장을
이완하는 요가

편 이 일을 하면서 중간에 포기하고 싶었던 순간은 없었나요?

김 레지던트 1년 차 때 너무 힘들어서 매일매일이 고역이어요. 그 전에는 공부만 하면 됐었는데, 레지던트가 되고 나니 할 일이 너무 많더라고요. 보통 의사들은 성적이 좋아서 학창 시절엔 주로 칭찬을 받으며 살았거든요. 그런데 이때부터는 혼도 많이 나고 늘 지적을 받게 되죠. 저 역시 갑작스러운 변화에 자존감이 급격하게 떨어져서 그만두고 싶다는 생각을 자주 했어요. 그래도 버티다 보니 일이 좀 익숙해지기 시작했고, 3~4년 차가 되고 나서는 많이 나아졌죠. 레지던트 시절에는 부모님과 동생들이 많은 힘이 되어주었어요.

편 슬럼프가 왔을 때 어떻게 해결하셨어요?

김 레지던트 때에는 어떤 방법을 써서 극복한 게 아니에요. 그냥 버티고 견뎠죠. 그 슬럼프로 인해 너무 손상되지 않도록 나 자신을 최소한은 지키면서요. 개원하고 7년인가 지났을 때에도 슬럼프가 온 적이 있었어요. 선배들에게 고민을 얘기했더니 그때쯤 다들 슬럼프를 겪는다는 거예요. 그럴 땐 외국에 나가 공부를 하면서 재충전을 하라는 충고를 받는데요. 다행히 같은 피부과의사인 남편과 대화를 많이 나누면서 재충전의 시간을 갖지 않고도 슬럼프를 극복할 수 있었죠.

피부과의사인 남편과 함께

성취감을 느끼는 순간이 있나요?

편 성취감을 느끼는 순간이 있나요?

김 의사는 입과 귀가 즐거워야 행복하다고 해요. 병원 근처에 맛집이 있으면 입이 즐겁고, 선생님 덕분에 좋아졌다는 환자들의 얘기를 들으면 귀가 즐거운데 이 둘이 충족되면 행복해진다는 뜻이죠. 피부과의 경우 눈까지 포함되어 있는데, 환자를 보자마자 좋아졌는지를 바로 알 수 있기 때문이에요. 그래서 저희들끼리는 입과 귀, 눈의 감각이 모두 만족스러우면 성공한 의사라고 얘기하곤 해요. 저 역시 환자의 치료가 잘 될 때 성취감을 느껴요. 몇 년 전에 왔던 환자가 다시 와서 진료를 받는 경우가 있잖아요. 그런 경우 보통 그때보다 지금 더 나은 치료를 해줄 수 있는데요. 내가 열심히 공부하며 성장한 덕에 최선의 진료를 할 수 있다는 생각이 들어 보람을 느끼기도 하고요.

편 이 일을 꾸준히 해 나가는 원동력은 무엇인가요?

김 일단 제가 선택한 일이기 때문이에요. 의대에 진학하고, 피부과를 전공으로 선택하고, 개원을 하기까지 그 누구의 압박도 없었어요. 오로지 제가 원해서 하게 된 일이라 그 선택에 책임을 지고

공로패 수상

학술상

우수발표 연제상

레지던트 시절,
힘이 되어준 후배들

해 나가는 것이죠. 피부과의사인 동료들과 동료의식을 갖는 것도 제 원동력 중 하나예요. 피부과 선후배들은 동료인 동시에 20대부터 함께한 인생의 동반자들이거든요. 아까도 후배 한 명이 병원에 걸어놓으라고 방향제를 선물로 보내왔더라고요. 선물과 함께 존경하고 감사한다는 인사를 보내왔죠. 내가 존경할 만한 인물은 아닌데, 그래도 나를 그렇게 생각해 준다니 고맙단 마음이 들었어요. 더 열심히 해야겠다는 다짐도 하게 됐고요. 저를 이렇게 생각해 주는 후배도 있고, 함께 의사의 길을 걷는 수많은 동료들이 있으니 앞으로도 힘들다는 이유로 그만두는 일은 없을 거예요.

의사를 꿈꿨을 때와 의사가 되고 난 후
달라진 점이 있다면요?

편 의사를 꿈꿨을 때와 의사가 되고 난 후 달라진 점이 있다면요?

김 의사를 꿈꾸며 전문의 자격을 취득하기 전까지는 자격증만 있으면 의사가 된다고 생각했어요. 물론 법적으로 의사가 되는 건 맞지만, 의사가 되어 일을 해 보니 실제 의료 행위는 자격증과는 별개의 문제더라고요. 내가 환자의 문제를 해결해 줘야 하는데, 자격증이 그 해결 능력을 뜻하는 건 아니었죠. 의대에서 수업을 듣고 실습을 하며 배운 것보다 훨씬 어려운 일이란 걸 느꼈어요. 진짜 의사가 되려면 자격증의 유무를 넘어 실제로 환자를 치료하고 문제를 해결할 수 있는 능력을 가져야 한다고 생각하게 된 점이 가장 큰 인식의 변화였죠.

어떤 마음의 자세로 일하세요?

편 어떤 마음의 자세로 일하세요?

김 의사의 말과 행동이 환자들의 예후에 어느 정도 영향을 미친다고 생각해요. 사실 전문가가 하는 말의 영향력이 상당하잖아요. 예전보다는 의사의 권위가 떨어졌다곤 하지만, 실제 진료실에서 일대일로 환자들을 만나다 보면 저희들을 신뢰하며 처방을 잘 따르는 분들이 대부분이에요. 그러다 보니 무조건 안 된다고 하기보단 최대한 좋은 방향으로 얘기해 주는 편이죠. 헛된 희망을 주어서는 안 되지만 가능한 선에서 긍정적인 얘기를 해 드리면 확실히 환자들의 반응이 달라지고 그 뒤의 예후도 좋거든요. 더불어 내가 계속 발전해야 나를 찾아온 환자들도 편안해진다는 생각에 계속 새로운 지식을 업데이트하기 위해 노력하고 있고요.

편 환자를 대할 때 특히 신경 쓰는 부분이 있다면요?

김 저는 환자를 진단명으로 규정하지 않기 위해 애쓰고 있어요. 질병이 아니라 그 사람 자체를 바라볼 수 있도록 치료에 앞서 환자를 재구성하는 시간을 갖고 있죠. 초진 시 적절한 질문을 통해 환자의 모습을 거울처럼 비춰주고, 그분이 가진 문제를 뭉뚱그리지 않고 하나씩 해체할 수 있게 도와주는 거예요.

구체적으로 얘기하자면, 보통 환자들이 오면 지루 피부염이나 여드름 같은 명사로 자기를 정의하고 설명하거든요. 그럼 저도 이 환자를 볼 때 그 사람을 보는 것이 아니라 증상만을 보게 되죠. 그러지 않기 위해 여러 가지 질문을 하는 거예요. 질문에 대해 생각하고 답하다 보면 스스로의 삶이 정리가 되면서 본인이 인지하는 것이 생겨요. 왜 이 질환이 발생했는지, 여태까지 해결되지 않는 이유는 무엇인지 알게 되면서, 자신이 처음 가져왔던 진단명이라는 명사에서 탈피하는 것이죠. 질문이 많아서 초진이 다소 긴 편이지만 재미있어하는 분들도 있고, 깨달음을 얻었다며 좋아하는 분들도 있어요. 피부 문제와 함께 겪었던 자신의 이야기를 하면서 눈물을 흘리는 분들도 있고, 피부과에 와서 이런 얘기까지 하게 될 줄은 몰랐다는 분들도 있고요. 자신을 불안하게 만들고 스트레스를 주는 요인은 정작 다른 곳에 있는데, 그 결과 피부 상태가 나빠져서 내원한 분들이죠. 굉장히 사적이면서 초점이 자신에게만 맞춰져 있어 마치 내밀한 인터뷰와 같은 초진은 환자들에게 있어 매우 독특한 경험이 될 거라 생각해요. 피부뿐만 아니라 다른 이슈에 대해서도 자신을 객관화할 수 있는 기회가 되니까요. 환자의 삶을 해부하듯이 해체하는 것은 저에게도 문제를 해결하는 실마리가 되기 때문에 의미 있는 과정이고요.

편 처음부터 이렇게 진료를 하신 건가요?

김 처음엔 다른 분들처럼 평범하게 초진을 보고 진료를 했죠. 어떤 계기가 있었던 건 아니고요, 환자를 알아가는 것이 중요하겠단 생각이 들어 질문을 하기 시작했고 서서히 지금처럼 바뀌게 되었어요.

편 굉장히 좋은 접근이란 생각이 드네요. 이런 내용은 책으로 써도 좋을 거 같아요.

김 책은 아니지만 인터넷을 통해 제 경험을 나누고 있어요. 블로그를 운영하며 문제 피부와 관련된 정보나 마음가짐, 마음을 풀어주는 방법 등을 올리고 있죠. 피부 문제를 겪는 많은 분들이 글을 읽고 댓글을 통해 도움이 되었다고 말해 주세요. 치유에 관한 글을 읽는 것만으로도 마음이 풀어졌다는 분도 있고요. 그런 피드백을 받으면 기분이 좋아지고, 내가 가는 길이 나에게 맞는 길이란 생각이 들어 기쁘더라고요. 언제까지나 치유의 길 위에 서있는 의사가 되고 싶어요.

피부과의사란

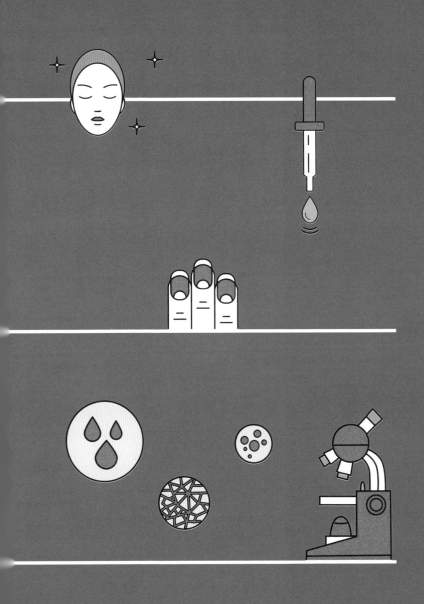

의사라는 직업에 대해 간단히 소개해 주시고
피부과의사에 대해 구체적으로 알려주세요.

편 의사라는 직업에 대해 간단히 소개해 주시고 피부과의사에 대해 구체적으로 알려주세요.

김 일정한 자격을 가지고 사람들의 병을 고치는 사람을 의사라고 하죠. 의술이 있다 하더라도 면허가 없으면 의사로 인정받을 수 없어요. 그중 피부과의사는 사람들의 피부 건강과 피부에 발생한 질병을 진단하고 치료하는 일을 하고 있는데요. 일반 피부과의사와 피부과 전문의는 달라요. 우선 의대에 입학해 예과와 본과 과정을 마치고 의사국가고시에 합격하면 일반 의사가 되는데, 바로 개원을 하고 진료과목에 피부과를 넣으면 피부과의사가 되죠. 하지만 일반적으로는 이후 별도의 수련 과정을 거친 후 전문의 자격시험을 보는데, 이때 여러 전공 중 피부과를 선택해 시험을 보고 합격한 사람은 피부과 전문의가 돼요. 전문의 자격시험은 1차, 2차, 3차로 이루어져 있으며, 1차는 이론 2차는 실기 3차는 인터뷰로 구성되어 있죠. 전문의는 일반 의사보다 더 오랜 기간 공부하는 만큼 해당 분야에 대해 훨씬 고도의 지식과 경험을 갖게 돼요.

구체적으로 어떤 일을 하나요?

편 구체적으로 어떤 일을 하나요?

김 피부와 관련된 모든 문제를 검사하고 진단하며 치료하는 것이 저희의 일이죠. 구체적으로 얘기하면 건강한 피부를 유지하기 위한 검사와 시술을 시행하고, 질환이 있는지 판단하기 위해 조직 검사 등을 하기도 해요. 검사 결과에 따라 약물 혹은 레이저 등을 이용해 치료하고요. 사마귀나 낭종 등 외과적 수술이 필요한 경우 수술도 하고 있어요. 피부과를 방문하는 환자들을 보면, 순수하게 피부 자체에 문제가 있는 분들도 있지만, 원인은 다른 곳에 있는데 그 문제가 피부라는 공간을 빌어 나타나 내원한 분들도 있어요. 예를 들어 가려움 때문에 내원한 환자가 있다고 해봐요. 살갗이 가려워 피부과에 왔지만, 가려움의 원인은 당뇨병일 수도 있거든요. 그런 경우 진단은 해 드릴 수 있지만 치료는 다른 과에서 해야 하겠죠.

편 진료 분야가 세부적으로도 나뉘어 있나요?

김 피부과의 경우 내과나 소아과처럼 세부 전문의제도가 있지는 않지만, 세부 전문의처럼 펠로우십이 필요한 분야가 있어요. 피부외과라고 해서 피부암 등을 더 전문적으로 연구하고 치료하는 분

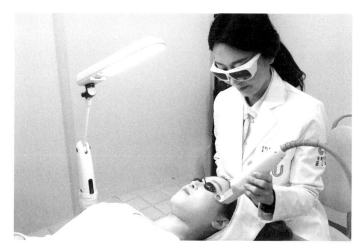

피부 미용 목적의 레이저 치료

야인데요. 그쪽에 관심이 있는 전문의들은 피부외과를 전공하는 교수님에게서 펠로우십 수련을 받기도 하죠. 그 외에 아토피 피부염이나 백반증, 건선과 같은 질환을 전문 분야로 둔 의사들이 있는데, 이 역시 어떤 제도를 통해 세부 전문 분야가 된 것은 아니에요. 의사 개인의 경험이 다른 의사들에 비해 월등히 많은 경우 그것을 바탕으로 전문적인 치료를 하는 것이죠. 또는 어떤 분야의 치료를 몇 케이스 했는데 탁월한 결과를 내고 논문이나 학회 활동을 통해 검증이 된 경우 그것이 전문 분야가 되기도 해요. 질병과는 관련이 없지만 주름이나 미백 등 피부 미용을 전문 분야로 두고 있는 의사들도 있고요.

편 업무의 영역이 어디까지인가요?

김 대학병원에서 일하는 경우 탈모나 아토피 피부염, 백반증 등으로 교수들의 전문 영역이 나뉘어 있는데요. 일반 병원에서는 진료 분야의 구분이 절대적이진 않아요. 특별한 케이스가 아니라면 피부와 관련된 질환인 경우 거의 대부분 진료하거든요. 저 역시 제가 자신 있게 치료할 수 있는 영역이 있지만, 그 밖에 다른 분야의 환자들이 와도 모두 진료하고 있어요.

편 병원 내에서 이루어지는 협업, 함께 일하는 이야기도 들려주세요.

김 일반 병원의 경우 보통 의사와 간호사, 예약 담당 직원이 일을 분담하고 있는데요. 피부과는 여기에 에스테티션이 함께 근무하는 곳이 많아요. 피부 미용을 전문으로 하는 곳은 물론 성인여드름이나 민감성 피부를 다루는 곳에서도 에스테티션들이 일하고 있죠. 아토피 피부염의 경우 보습이 중요해서 병원 내에서 보습과 관련된 메디컬 스킨케어를 해 주는 곳이 많고요. 저희 병원의 경우 몇

년 동안 물리치료사와 함께 일한 적이 있어요. 얼굴이 쳐지고 이중턱이 생기는 것은 거북목과 관련이 있고, 군살이나 셀룰라이트도 체형과 관련이 있어서 관련 업무를 해줄 물리치료사를 고용했었죠. 또 어떤 병원에서는 전문 심리상담사가 함께 일하기도 해요. 각 병원의 전문 진료 분야나 특색에 맞춰 전문적인 협업이 이루어지고 있죠.

편 한의원에서도 아토피 피부염이나 지루성 피부염과 같은 피부질환을 치료하잖아요. 한의원과는 어떤 차이가 있을까요?

김 한의원과 피부과의 가장 큰 차이는 서로 다른 학문을 기반으로 치료한다는 점이에요. 한의원에서는 한의학을 중심으로 침과 한약 등을 이용해 치료를 하고, 피부과에서는 피부과학을 중심으로 현대적인 검사 기계와 약물, 최신 기술 장비를 이용해 치료를 하고 있죠. 기반 학문이 다르기 때문에 접근 방법에도 차이가 있어요. 예를 들어 한의학에서는 지루성 피부염의 원인을 폐와 관련해 생각하더라고요. 폐에 열이 쌓이면 기능이 떨어지고 편도선이 약해져 유해 세균이 침투해 각종 피부질환을 일으킨다고 보는 것이죠. 폐에 원인이 있으니 폐 기능을 강화하는 것에 치료의 초점을 맞춰 한약과 침을 처방하게 되고요. 반면 피부과에서는 피지의 과다 분비나 털구멍에 기생하는 곰팡이, 환경 요인, 면역 기능 저하 등의 원인으로 지루성 피부염이 발생하며, 환절기의 건조한 대기나 스트레스가 질환을 더 악화시킨다고 보고 있죠. 항진균제 성분의 연고나 샴푸, 피지 억제제를 처방하고 있고요. 그러다 보니 다른 피부과의사가 치료한 내용을 보면 같은 피부과학을 공부했기 때문에 이해가 가능한데, 한의사가 치료한 내용은 그 의미를 모르겠더라고요. 한의학이 비과학적이라 이해하지 못한단 뜻은 아니에요. 단지 해당 학문을 공부하지 않았기 때문에 왜 이 환자에게 침을 놓았는지 그 치료의 의미를 의학적으로 해석할 수가 없다는 것이죠.

편 선생님은 주로 어떤 연구를 하시나요?

김 아토피 피부염을 주제로 박사 논문을 썼고요. 이후 성인기 여드름에 대한 논문 두 편을 써서 학술상을 받았어요. 요즘엔 몸과 피부, 마음의 연결성에 관심이 많아서 이 주제를 주로 연구하고 있어요. 최근에 관련 연구로 학술상을 한 번 받았고요.

편 피부과의사가 주로 사용하는 의료도구는 무엇인가요?

김 현미경과 레이저죠. 현미경은 조직검사를 통해 진단을 내릴 수 있게 도와주는 가장 중요한 의료도구예요. 피부과에서는 포토 미팅 다음으로 중요한 게 피부 병리조직 미팅이거든요. 저 역시 현미경을 통한 검사를 가장 많이 하고 있어요. 초진 환자인 경우에는 대부분 현미경 검사를 하고 있고요. 예를 들어 조직 안에 모낭충이나 곰팡이 등이 있는지 확인하기 위해 환자의 피부를 긁어내 현미경으로 검사하고 있죠. 감염을 일으킨 원인을 확인하기 위해서도 쓰여요. 환자의 피부에 염증이 생겼다면 염증을 일으킨 원인이 있을 거예요. 그게 알레르기일 수도 있고, 감염일 수도 있고요. 알레르기의 경우 피검사로 확인이 가능하지만, 피부에 뭐가 묻어서 생

현미경을 통한 조직 검사

긴 감염이라면 현미경을 통해 균을 확인할 수 있어요. 사실 경험이 많아서 어떤 균인지 대략 파악이 가능하지만 판단을 확정 짓기 위해 현미경을 이용하고 있죠. 검사 결과 균이 발견되었거나 다른 문제가 있을 경우 약물을 처방하는데요. 약물만으론 개선이 어려운 경우도 있어요. 그럴 때 사용하는 것이 레이저예요. 여드름, 흉터, 안면홍조 등 치료 기능에 따라 매우 다양한 레이저가 있죠.

언제부터 이 직업이 생겼는지 궁금해요.

📰 언제부터 이 직업이 생겼는지 궁금해요.

🔲 오긍선이란 의사가 우리나라 최초의 피부과의사예요. 우리나라에서 세 번째로 서양의학을 배운 선교의사로, 미국에서 의대를 졸업한 후 6개월간 피부과 수련을 받았대요. 귀국해서는 연세대학교 의과대학의 전신인 세브란스 의학전문학교의 피부과 과장이 되어 피부과 환자들을 진료했고요. 나중에는 한국인 최초로 이 학교의 교장이 되었다고 하죠.

📰 역사에서 중요한 인물로 소개되는 피부과의사가 있다면 소개해 주세요.

🔲 1958년 미국 예일대학교의 피부과 교수였던 아론 러너 박사는 백반증을 연구하는 도중에 피부의 색을 변하게 하는 특정 물질을 발견하고, 이 물질을 멜라토닌이라고 명명해 학계에 보고했는데요. 멜라토닌에 대해 연구한 결과 생체리듬을 조절하는 매우 중요한 물질이라는 것이 밝혀졌어요. 이후 아토피 피부염을 개선해 주고, 피부 노화나 기미에 있어 피부를 보호하는 데 도움을 주는 것으로 보고되기도 했고요. 이와 같은 과학적 발견뿐만 아니라 백반

증 환자의 세포 이식수술을 처음 도입하기도 해 피부과 역사에서 중요한 분으로 기록되고 있죠.

남녀 비율은 어떻게 되나요?

편 남녀 비율은 어떻게 되나요?

김 2019년 대한피부과학회에서 피부과의사들의 성비를 조사했는데요. 여성은 26.3퍼센트이고 나머지는 남성이었어요. 전체 의사에서 여성 의사의 비율이 25.4퍼센트라고 하니 우리나라 전체 여성 의사의 비율과 비슷한 수치죠. 많이 변하긴 했지만 아직까지는 남성 의사의 비율이 높은 편이에요. 하지만 현재 레지던트 중 여성의 비율은 38.3퍼센트로, 요즘 세대에서 여성 피부과의사의 비율이 높은 것으로 보아 향후에는 여성 의사의 비율이 증가할 것으로 보여요.

편 여성들이 선호하는 전공 분야가 있나요?

김 전에는 피부과나 정신건강의학과를 선호하는 여성이 좀 있었지만, 요즘에는 자신의 성별에 따라 특정 전공을 선호하는 경향이 많이 줄었어요. 관심이 있으면 신경외과나 성형외과와 같이 수술이 잦은 과여도 선택하는 여성들이 많더라고요. 사실 예전에는 수술이 많은 과의 경우 육체적으로 매우 힘들기 때문에 여성을 기피하곤 해서 지원해도 갈 수 없는 경우가 많았거든요. 제가 레지던트

였을 때만 해도 여성은 받지 않겠다고 공식적으로 얘기하는 과가 있었죠. 피부과의 경우 상대적으로 여성 의사나 여성 교수가 많았고, 남성이든 여성이든 실력에 따라 공평하게 뽑는 편이었고요.

외국의 피부과의사와 다른 점이 있을까요?

편. 외국의 피부과의사와 다른 점이 있을까요?

김. 나라마다 의과대학을 수료하는 과정이 조금씩 다르긴 한데, 특별히 어떤 나라의 교육과정이 월등한 건 아니라서 서로 상대방의 교육 내용과 자격을 인정하고 있어요. 의사 면허를 취득해서 환자들을 진료를 하는 것에도 다를 게 거의 없고요.

편. 국내보다는 해외에서 더 좋은 대우를 받나요?

김. 제 생각에는 비슷하지 않을까 싶어요. 그런데 외국에서는 피부과 전문의를 만나는 게 쉽지 않다고 해요. 그런 얘길 들어보면 전문의 수가 많지는 않은 것 같아요. 각 나라의 경제적인 대우는 잘 몰라서 자료를 찾아봤는데, 미국의 의사 중 가장 만족도가 높은 사람들이 피부과의사라고 하는 걸 보니 연봉도 높을 것 같네요.

편. 어떤 나라의 의료제도가 잘 갖추어져 있나요?

김. 그 어떤 나라보다도 우리나라의 의료제도가 잘 갖춰져 있다고 생각해요. 병원 접근성이 높고, 의료비도 매우 저렴한 편이잖아요. 보통의 피부과에서 염증 주사를 처방하면, 우리나라의 경우 만원 정도의 비용이 드는데 싱가포르에서는 십만 원의 비용이 든다고 해요. 굉장히 큰 차이죠. 우리나라는 전 국민을 대상으로 의료보험료를 청구하고, 정해진 예산 범위 내에서 모든 국민들의 의료에 관여하고 있는 시스템이에요. 이러한 제도 덕분에 의료비를 개인과 건강보험공단이 나눠서 부담하는데다, 건강보험공단이 부담하는 비율이 높기 때문에 저가의 의료비 책정이 가능하죠. 피부과의사들의 실력도 세계적인 수준이라 동남아나 중국, 미국 등 여러 나라에서 K-뷰티를 배우러 올 정도예요. 의료관광 시장의 규모가 매년 가파르게 상승할 정도로 외국인 환자들도 많고요.

🔲 선생님 병원에도 외국인 환자들이 많이 오나요?

🔲 관광객이 많은 명동에 위치해 있다 보니 외국인 환자들이 많은 편이에요. 외국인들도 서로서로 소개를 하더라고요. 그렇게 소개를 받고 내원한 환자들도 꽤 되죠. 1년에 한 번씩 여행을 하며 쇼핑도 하고 치료도 할 겸 정기적으로 오는 분들도 많고요. 최근엔 코로나19 때문에 많이 줄어들기 했지만요. 그래서 요즘엔 한국에 오지 못하는 외국인 환자들이 서울이 무척 그립다는 메일을 보내주기도 해요.

편 피부과 치료는 단기간에 끝나지 않을 것 같은데 멀리서도 오네요.

김 외국인 환자들은 주로 잡티 제거처럼 한 번에 어느 정도 해결이 되는 치료를 받으러 오죠. 이례적으로 문제 피부 환자가 오는 경우도 있어요. 그중 한 분이 민감한 피부와 홍조 때문에 홍콩에서 저희 병원까지 두 달에 한 번씩 정기적으로 내원하는 분인데요. 레이저 치료를 하면 오히려 피부가 뒤집어지는 등 홍콩에서는 한 번도 병원 진료에 만족해본 적이 없었대요. 진료를 해 보니 몸의 밸런스도 좀 깨져 있어서 그분에게 맞는 치료를 해 드렸는데요. 치료 경과가 마음에 들어 계속 내원하였어요.

수요는 많은가요?

편 수요는 많은가요?

김 피부과의 경우 전문의 자체가 별로 없어서 수요는 많은 편이에요. 게다가 각종 연구나 예측에 따르면 피부질환으로 고통 받는 환자 수, 피부암 발생률, 피부 미용이나 건강관리에 대한 관심 및 지출이 모두 증가하는 추세라 피부과 시장은 계속 성장할 것으로 예견되고 있고요. 시장이 커질수록 전문의에 대한 수요도 더욱 늘겠죠.

편 현역에 있는 피부과의사는 몇 명인가요?

김 제가 우리나라에서 1,725번째로 피부과 전문의가 되었어요. 현재 피부과 전문의는 2,200명 정도까지 배출되었고요. 그중 70~80퍼센트 정도가 현역에 있다고 보면 될 거예요. 피부과 전문의가 아닌 피부과의사도 있는데요. 그런 분들은 피부과 수련을 거치지 않은 채 의과대학 졸업 후 바로 개인 의원이나 병원을 개업해 진료과목에 피부과를 넣은 분들이죠. 그런 경우 간판이나 명함에 전문의나 전문과목이라는 단어를 쓸 수 없으며, 방송에 출연해 전문의라고 말해서도 안 돼요. 지키지 않는 경우 학회에서 일일이 대

응하고 있죠. 그런 문제를 피하기 위해 요즘 방송국에서는 사전에

전문의 자격증을 확인하고, 전문의는 피부과 전문의로 일반의는

피부과의사 혹은 피부과 원장으로 소개하고 있어요.

미래에도 필요한 직업인가요?

편. 미래에도 필요한 직업인가요?

김. 요즘엔 여성 남성 할 것 없이 피부에 대한 관심이 정말 많아요. 건강을 위해서건 미용을 위해서건 맑고 건강한 피부를 가지려는 사람들이 점점 늘고 있죠. 실제로 예전에 비해 상태가 나빠진 피부를 개선하기 위해 혹은 더 깨끗한 피부를 갖기 위해 피부과에 오는 분들이 많아지고 있고요. 사람들의 욕구가 있는 한 피부과의사는 계속 필요하겠죠?

편. 전망에 대해 어떻게 생각하세요?

김. 아름다움과 건강은 인간의 본능적인 욕망인데다 피부 미용이나 웰빙에 대한 관심이 느는 만큼 전망도 밝다고 생각해요. 특히 우리나라 사람들은 미용에 대한 관심이 매우 많아요. K-뷰티가 유명해진 게 수준 높은 의학기술이나 한류의 영향도 있지만, 외국인들이 보기에 놀라울 정도로 한국 여자들의 피부가 좋아서이기도 해요. 기본적으로 피부가 좋은 데다 더 나아지려는 선망과 노력이 엄청나죠. 새로운 시도에도 두려움이 없고요. 제가 세계적인 스킨케어 브랜드인 뉴트로지나와 종종 협업을 하는데요. 뉴트로지나에서는 신제품을 출시할 때 테스트 마켓을 서울로 정하는 일이 많아요. 전 세계에 프로모션을 하기 전에 이 제품의 가능성을 서울의 여성들에게서 검증받는 것이죠. 피부에 대한 관심이 늘고 치료나 관리 비용에 쉽게 지갑을 여는 사람이 많아지는 만큼 피부과 시장은 꾸준히 성장할 것으로 보여요.

편 피부과 진료를 인공지능이나 로봇이 한다는 게 가능한 일일까요?

김 진단은 가능해요. 실제로 피부암이나 발톱 무좀 진단은 피부과의사보다 AI가 더 낫다는 논문이 이미 나와 있죠. 진단 앱을 이용한 상용화 노력도 보이고요. 그렇지만 치료는 다른 차원의 문제예요. 우리의 피부는 외부 자아를 구성하는 부분 중 가장 바깥에 위치해 있기 때문에 치료를 위해서는 환자의 얼굴이나 몸에 손을 댈 수밖에 없는데요. 이렇게 접촉을 기반으로 진료를 하기 때문에 로봇은 절대 할 수가 없죠. 치료 자체가 접촉이 기본이기에 비대면 치료가 불가능하기도 하고요. 또 한 가지 얘기하고 싶은 건, 피부과 진료 중 일부가 미적 감각을 필요로 한다는 사실이에요. 아름다움을 목적으로 내원한 환자의 경우 의사의 주관적인 미학적 관점에 따라 치료가 이루어지고 있거든요. 환자가 원하는 이미지가 보편적

인 아름다움인지도 판단해야 하고요. 굉장히 주관적이면서 인간적

인 영역이라 그걸 로봇이 할 수는 없을 거라 생각해요.

피부과의사가

되는

방법

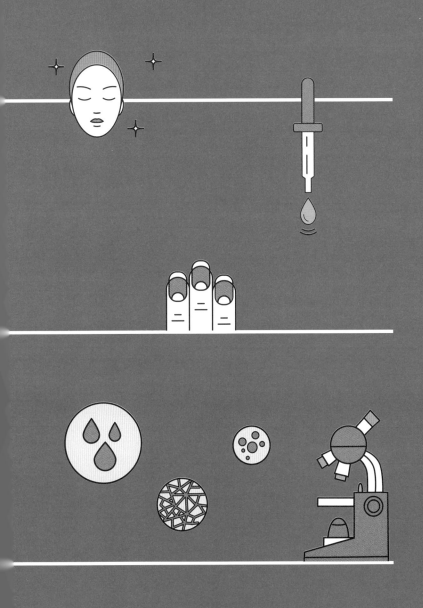

피부과의사가 되려면 어떤 과정이 필요한가요?

편 피부과의사가 되려면 어떤 과정이 필요한가요?

김 의사가 되는 방법은 두 가지예요. 첫 번째는 의과대학을 졸업한 후 의사국가고시에 응시하는 것이고, 두 번째는 일반대학을 졸업한 후 의학전문대학원에 입학해 학업을 마친 후 의사국가고시를 보는 것이죠. 의과대학과 의학전문대학원은 학제만 다를 뿐 실제 학생들이 배우는 커리큘럼은 동일해요. 의사가 되고 싶은 일반인의 진입 장벽을 낮추고, 다양한 학문 배경과 사회경험을 가진 의사를 양성하기 위해 2005년에 27개의 의학전문대학원이 설립되었는데요. 현재는 여러 가지 문제로 인해 상당수의 학교가 폐지된 상태예요. 의사 중에서도 피부과 전문의가 되려면, 먼저 의사국가고시에 합격해 면허를 취득한 후 1년간의 인턴 과정을 거쳐야 해요. 이후 피부과 레지던트로 4년간 수련하면 피부과 전문의 자격시험을 볼 수 있죠. 시험은 필기와 현미경 실기, 인터뷰로 구성되어 있으며 모두 합격하면 전문의 자격증이 발급돼요.

편 현미경 실기는 어떤 시험인가요?

김 실기 시험장에 가면 현미경이 여러 대 있고, 현미경마다 슬라

이드가 꽂혀있어요. 첫 번째 현미경의 슬라이드를 보고 어떤 것인지 적고, 계속 다음 현미경으로 이동하며 보고 적는 형식의 시험으로 보통 땡시라고 하죠.

편 의사국가고시의 합격률도 궁금해요.

김 의사국가고시는 절대평가로 운영되고 있어 일정 점수 이상을 받은 사람은 모두 합격시키고 있어요. 올해 합격률은 94퍼센트였고, 지난 3년간의 합격률은 92, 93, 95퍼센트였어요. 매년 90퍼센트 이상의 높은 합격률을 보이고 있죠. 공부의 양은 매우 많지만 그 분량만큼만 확실히 인지하면 합격할 수 있고, 성적이 일정 수준 이하이면 시험 전에 유급을 당하기 때문에 합격률이 높은 편이에요. 다시 말해 합격률만 믿고 공부를 열심히 하지 않으면 떨어지는 시험이란 뜻이죠. 제 동기 중에도 시험에 떨어진 친구가 있었어요. 재수를 했지만 또 떨어지더라고요. 아무래도 혼자 공부하다 보면 좋은 정보에서 멀어지게 되고, 페이스를 잃기 쉬워 그런 것 같아요.

편 매년 인기 있는 전공이 따로 있다고요?

김 맞아요. 예전에는 피성안이라고 해서 피부과와 성형외과, 안과가 인기였는데, 요즘은 정재영이라고 해서 정형외과와 재활의학과,

영상의학과의 인기가 많다고 해요. 시대의 흐름에 영향을 받는 것이겠죠. 아무래도 노인 인구와 통증 환자가 많아지다 보니 그런 전공에 관심을 갖는 것 같네요. 정신과 상담에 대한 선입견이 많이 사라지고 문턱이 낮아지면서 정신건강의학과의 인기도 많아졌고요.

편. 개업의가 되는 과정도 궁금해요.

김. 개업의는 본인 이름으로 병원을 개설하고 직접 운영하는 의사인데요. 개업의가 되려면 우선 병원 개설에 들어가는 비용을 마련하고, 병원이 들어설 장소를 정해야겠죠. 위치가 정해지면 인테리어를 하고, 각종 의료 기구를 구입해 설치하고요. 다음으로 보건소에 의료기관 개설허가를 신청해 허가가 나면 사업자 등록을 하고, 진료비 결제를 위한 단말기를 설치해요. 마지막으로 국민건강보험공단에 의료급여를 청구하고 받기 위해 요양기관 개설신고를 하면 개업의로 일할 수 있게 되죠. 사실 병원 하나를 개설하는 데에는 비용이 매우 많이 들어가기 때문에 개업 전에 병원 운영에 대한 확고한 방침과 경쟁력을 갖추는 것이 중요해요. 저 역시 전문의 자격을 취득한 후 1년간은 펠로우로, 2년간은 봉직의로 일하면서 경험을 쌓으며 생각을 정리했어요. 내가 어떤 분야에 잘 맞는지, 어떤 질환을 잘 보는지, 어떤 지역에 개업하는 게 이로운지를 계속해서 탐색했죠.

편 개업의가 되어보니 어떠세요?

김 후회한 적도 많아요.^^; 봉직의로 일하는 것보다 신경 쓸 일이 훨씬 많거든요. 직원을 고용하고, 그에 따른 급여와 각종 수당, 퇴직금, 4대보험 등의 의학과 관련 없는 새로운 업무도 해야 하고, 수익 발생 시 세금 문제도 처리해야 하죠. 처음 개원했을 때엔 할 일이 많아 고되기도 했지만, 직원을 관리하는 것이 정말 힘들었어요. 직원들끼리 사이가 좋지 않아 문제를 일으키는 경우가 많았거든요. 다행히 이제는 어느 정도 경험이 쌓이고 자리가 잡혀서 그런 일은 없지만, 초반에는 그 문제로 고생을 좀 했죠.

의대에 가기 위해서는 어떤 준비를 해야 하나요?

편 의대에 가기 위해서는 어떤 준비를 해야 하나요?

김 아무래도 의대 입시에서는 수시건 정시건 수능 점수가 중요하기 때문에 무엇보다 좋은 성적을 유지해야 해요. 입시 관련 통계를 보니 저희 때보다 경쟁률이 더 세졌더라고요. 제가 수능을 볼 당시에는 상위권 학생들이 주로 서울대, 연대, 고대의 물리학과나 컴퓨터공학과, 건축과에 갔는데, 요즘은 의대 지원자가 많아 그렇게 된 것 같아요. 성적이 높은 학생들이 의대로 몰리다 보니 신입생들의 수준이 저희 때보다 굉장히 높아졌어요. 실제로 의대 교수인 후배 말이 의대생들이 레지던트들보다 발표도 잘하고 논문도 잘 쓰는 등 학업 성취도가 높다고 해요. 경쟁률이 세진만큼 성적을 관리하는 것이 무엇보다 중요하고, 최근 들어 면접의 중요성이 부각되고 있기 때문에 면접 준비도 소홀히 해서는 안 돼요. 환자와의 소통이나 공감 능력을 요구하는 사회적 분위기에 따라 대학에서는 의사로서의 자질이나 인성을 중요하게 평가하고 있죠. 의료 현장에서 발생 가능한 상황을 제시하고 어떻게 행동할 것인지 물어보며 의사로서의 윤리성과 도덕성을 평가하기도 하고요. 점수 비중이 크진 않지만 당락에 끼치는 영향이 상당하기 때문에 관련 준비도 철

저히 해야겠죠.

의사가 되려면 공부를 어느 정도 해야 하나요?

편 의사가 되려면 공부를 어느 정도 해야 하나요?

김 서울대 의예과의 정시 지원 가능선은 국어, 수학, 탐구 백분위 합계가 298점이에요. 연세대 의예과는 297점이고요. 이 점수는 국어, 수학, 탐구 세 개 과목에서 두세 문제 정도 틀리는 수준이죠. 지방에 있는 의대라 해도 최소 288~289점 정도는 되어야 하고, 영어는 1등급이 기본이에요. 대부분의 의대는 수학 과목의 반영 비율이 높으니 특히 수학 성적이 좋아야 하고요. 저 같은 경우 경쟁심이 좀 강해서 누가 시키지 않아도 스스로 공부하는 편이었어요. 부모님께서는 공부하란 얘길 한 번도 한 적이 없으셨죠. 오히려 좀 쉬거나 잠을 더 자라고 하셨어요. 그런데도 누가 1등을 하면 경쟁심이 발동해서 새벽부터 일어나 공부하곤 했어요. 그런 성향 덕에 매번 1등을 한 것은 아니지만, 상위권 성적을 유지할 수 있었죠.

편 준비하는 과정에서 가졌던 마음가짐이나 특별했던 자신만의 공부 방법이 있었나요?

김 저만의 정리노트를 많이 만들었어요. 그리고 그 노트들에서 중요한 것들을 골라내 다시 정리했고요. 예를 들어 정리노트를 다

멘티에게서 온 편지

섯 권 만들었다면, 중요한 내용만 추려서 세 권으로 만들어 공부하는 거예요. 그중에서 더 중요한 것들을 뽑아서 두 권으로, 다시 한 권으로 만들고요. 시험 전에는 그렇게 축약된 한 권만 보면 정리가 싹 됐죠. 그 과정을 계속 반복했던 게 저만의 공부법이었어요. 반복을 많이 할수록 성적이 더 좋아졌죠.

의대에 가면 어떤 과목을 공부하게 되나요?

편 의대에 가면 어떤 과목을 공부하게 되나요?

김 의대의 교육과정은 예과 2년과 본과 4년으로 이루어져 있어요. 예과에서는 일반 대학생처럼 영어나 교양과목을 배우고, 생물학과 화학, 유전학 등 본과 공부의 바탕이 되는 자연과학 학문을 배우죠. 본과에 올라가면 1학년에서 2학년 1학기까지는 해부학과 병리학, 생리학 등의 과목을 공부하게 돼요. 이후 3학년 1학기까지는 내과와 외과, 산부인과, 소아청소년과 등의 임상의학 과목을 공부하고요. 그러고 나서 1년 반 정도 병원에서 임상실습을 하게 되는데, 그 과정을 PK라고 해요. 일주일에 한 번씩 인턴, 레지던트들과 교수님의 진료를 참관하며 이론으로 배웠던 것들을 직접 눈으로 확인하는 수업이죠. 직접 실습을 하는 것은 아니지만 환자나 차트를 보는 것만으로도 도움이 되며, 각 과에서의 경험이 향후 진로를 결정하는 데에 큰 역할을 하기도 해요.

편 시험도 자주 본다고 들었어요.

김 네. 시험도 많고 공부할 분량도 엄청나죠. 의대생들 사이에서는 똥밭 넘어 똥밭이라는 말을 종종 했어요. 어려운 과목이 끝나서

좋아했는데, 더 어려운 과목이 기다리고 있다는 뜻이죠.^^;

편 어떤 과목이 가장 어려웠나요?

김 저는 개인적으로 해부학 공부가 가장 힘들었어요. 본과에 처음 올라가서 배우는 과목이라 중압감이 심한데다, 실제로 시신을 봐야 한다는 점이 꺼려졌거든요. 개구리부터 시작해서 뱀, 토끼와 같은 동물의 사체는 물론 시신을 보면서 공부를 한다는 게 처음엔 너무 무섭고 싫었어요. 그런데 싫다고 안 할 수는 없잖아요. 마음을 가다듬고 공부의 대상으로 객관화시켜 바라보다 보니 나중엔 뼈를 만져도 아무렇지 않더라고요. 시험도 마찬가지였어요. 해부학 시험은 사체의 일부를 제시하면, 그 부분 중 깃발이 꽂힌 곳이 어떤 부위인지 이름을 맞추는 방식으로 진행되는데요. 한 문제당 30초 정도의 시간만 주어지기 때문에 어떤 신경인지, 어떤 혈관인지 적고 빨리 다음 깃발로 넘어가야 해요. 시험이 주는 긴박감 때문에 징그럽다는 생각은커녕 문제를 풀기 바빴죠. 지금 와서 돌이켜보면, 의대의 교육과정은 감정을 점점 무디게 만드는 훈련이 아니었나 하는 생각이 드네요.

🔲 기억에 남는 과목이 있다면요?

🔲 저는 병리학 수업을 가장 좋아했어요. 현미경을 통해 조직 구조나 기관의 형태를 관찰하는 학문이라 내용을 이미지로 기억하게 되는데요. 제가 시각에 민감한 편이라 이미지가 머릿속에 탁탁 들어오니 재미있기도 하고 그만큼 공부도 잘되더라고요. 그러다 보니 성적도 잘 나왔고요.

경쟁력을 갖추려면 대학에서
어떤 활동을 하는 것이 좋을까요?

편 경쟁력을 갖추려면 대학에서 어떤 활동을 하는 것이 좋을까요?

김 성적을 높이고 유지하기 위해 공부를 열심히 하는 것도 중요하지만, 다양한 경험을 해 보는 것도 꼭 필요하다고 생각해요. 대학생으로서 가장 쉽게 할 수 있는 경험은 동아리 활동이죠. 공부와 시험에 쫓기다 보면 스트레스를 받기 마련이잖아요. 동아리 활동은 스트레스를 해소할 수 있는 통로가 되기도 하고, 새로운 분야의 사람과 만날 수 있는 장이 되기도 하죠. 저는 합창반 활동을 했었는데, 연합 동아리라 다른 학교 학생들과도 폭넓게 교류할 수 있었어요. 1년에 한 번씩은 여덟 개 대학의 학생들이 모여 연합 합창제를 했는데요. 합창제에 선보일 곡을 부를 때만큼은 음악에만 집중할 수 있었죠. 의학을 공부하며 감정을 배제하는 훈련을 했지만, 동시에 예술 활동을 통해 감정을 전달하는 연습을 함으로써 어느 정도 마음의 균형을 유지하지 않았나 싶어요. 직접적인 경험을 할 시간이 부족하다면 독서를 통해 간접 경험을 해 보는 것도 좋을 것 같아요. 무엇이 되었든 여러 경험을 통해 풍부한 정서를 함양하는 것은 타인에게 공감할 수 있는 좋은 의사의 바탕이 된다고 생각하거든요.

필요한 자격이 있나요?

편｜ 필요한 자격이 있나요?

김｜ 의사 면허 외에 필요한 자격은 없어요. 하지만 개인적인 관심사에 따라 혹은 개인 역량을 키우기 위해 자격증을 취득하기도 하죠. 저는 건강관리법에 관심이 많아서 운동 자격증과 건강 음식 자격증을 취득했어요. 의학이 아니더라도 건강을 지키는 방법은 많잖아요. 예를 들어 로푸드도 그중 하나가 될 수 있죠. 로푸드는 열과 화학적인 요소를 첨가하지 않은 자연 그대로의 식재료를 말하는데요. 그런 음식을 섭취하는 것이 건강에 어떤 도움을 주는지 강의를 들으며 공부했어요. 음식을 의학 또는 피부과학의 관점에서 생각해 보며 영감을 얻는 기회가 되었죠.

운동 자격증

건강 음식 자격증

외국어를 잘해야 하나요?

편 외국어를 잘해야 하나요?

김 잘하면 좋죠. 의과대학에서 배우는 책이나 논문은 대부분 영어로 되어있거든요. 학회에 참석해 다른 나라의 피부과의사들과 대화를 하거나 그들 앞에서 발표나 강의를 할 때도 보통 영어를 사용하고요. 외국인 환자들을 진료할 때 그들과 소통하는 데도 도움이 되겠죠. 특별히 높은 실력을 요하는 것은 아니고, 영어를 읽고 말하는데 막힘이 없는 정도의 수준이면 될 것 같아요. 최근에는 영

어뿐만 아니라 중국어나 일본어 등 제2외국어에 능숙한 후배들도

많더라고요.

어떤 자질을 갖추어야 하나요?

편 어떤 자질을 갖추어야 하나요?

김 가장 중요한 자질은 지적 호기심이라고 생각해요. 사실 의사가 되기 위해선 방대한 분량을 매우 오랜 시간 동안 공부해야 해요. 그렇게 공부하고 자격을 취득했으니 충분히 안다고 생각해서인지 의사가 되고 난 후에는 더 이상 공부를 하지 않는 분들도 있죠. 특히 요즘은 의대 입시부터 경쟁이 너무 치열하다 보니 힘이 다 빠져버려 면허 취득 후엔 발전을 멈춘 친구들도 많더라고요. 그들이 직업적으로 의사인 건 맞지만 거기서 멈추면 좋은 의사는 될 수 없어요. 의사의 자격은 비단 자격증만의 문제는 아니거든요. 환자들에게 최선의 진료를 제공하기 위해 끊임없이 최신 지견을 공부하고 적용해야 좋은 의사라고 할 수 있죠. 그러기 위해선 계속해서 지적 호기심을 유지하며 새로운 것을 갈망하는 마음이 있어야 하고요. 거기에 더해 피부과의사는 미적 감각을 갖추는 게 중요해요. 미감을 키우고 싶다면 평상시에 예쁜 꽃이나 건축물, 전시회 등을 많이 보는 것이 좋아요. 우리 주변의 사물과 예술 작품을 통해 보편적인 아름다움에 대한 감각을 높여보세요.

전시회에서

어떤 성격을 가진 사람들이 적합한가요?

편 어떤 성격을 가진 사람들이 적합한가요?

김 긍정적인 성격을 가진 사람이면 좋겠어요. 피부과 치료란 게 하루 이틀 만에 극적인 변화를 가져오진 않거든요. 환자들이 처음부터 만족하고, 원장님 덕분에 좋아졌다고 고마워하는 일은 거의 없어요. 초반엔 '상태가 계속 이래요, 더 안 좋아진 것 같아요, 왜 이런 거죠?'하는 불평, 불만들이 많죠. 그런 얘기를 듣다 보면 상처를 입기도 하고 의사로서의 자존감이 낮아지기도 하는데요. 긍정적인 사람일수록 다시 회복해내는 탄력성이 좋더라고요. 환자들의 불평을 들어도 쉽게 상처받지 않으며, 빨리 극복해내는 긍정적인 사람이 이 일을 하는데 적합해 보여요.

유학이 필요한가요?

편 유학이 필요한가요?

김 유학이 반드시 필요한 것은 아니지만 의대의 교수가 되면 1~2년 정도 해외의 대학이나 연구기관으로 연수를 보내주기도 해요. 개업의인 경우 그런 기회는 없지만, 개업한지 오래되어 슬럼프에 빠졌을 때 개인적으로 1년 정도 짧게 유학을 다녀온다면 정체에서 벗어나 재충전할 수 있는 기회가 될 것 같네요.

피부과의사가

되면

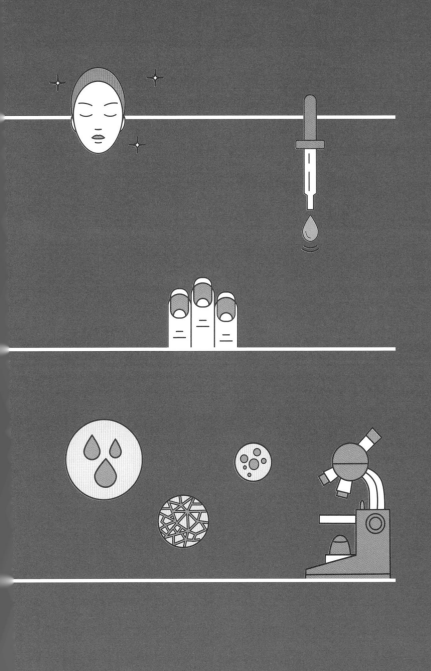

연봉은 어느 정도인가요?

편 연봉은 어느 정도인가요?

김 대학병원의 교수 연봉은 대기업 직원의 연봉과 비슷하다고 해요. 거기에 특진비나 연구비를 추가로 받게 되죠. 봉직의의 연봉은 보통 세 후 1억에서 1억 2천만 원 정도로 그 나이 또래에 비해 높은 편이에요. 피부과 전문의 수가 적기 때문에 수요가 많아 일반 의사는 물론 다른 과 전문의들보다도 다소 높은 연봉을 받고 있고요.

편 연봉 체계를 알려주세요.

김 대학병원 또는 종합병원에서 근무하는 의사라면 경력이 쌓여감에 따라 연봉은 계속해서 올라가겠죠. 개업의나 봉직의의 경우 병원마다 다르지만 보통 1년에 한 번씩 병원에 어느 정도 기여를 했는지 평가하고 인상을 결정해요. 예를 들어 자신만의 환자 풀을 가지고 있는지, 매출에 얼마나 기여를 했는지, 대외활동으로 병원의 위상을 높였는지 등을 전체적으로 고려해 평가하고 있죠. 일반적으로 연봉은 매년 오르지만 그렇다고 계속해서 높아지진 않아요. 어느 정도 선이 되면 대개 비슷한 수준에서 멈추게 되죠.

직급 체계는 어떻게 되나요?

편 직급 체계는 어떻게 되나요?

김 대학병원에서 일하는 경우 펠로우 과정을 마치면 임상조교수가 되고 이후 조교수, 부교수, 정교수 순으로 직급이 올라가요. 일반 병원이라면 대표원장이 있고, 그 아래로 부원장과 봉직의로 일하는 선생님이 있고요. 저희 병원의 경우 저와 봉직의 선생님 두 명이 함께 일하고 있죠. 제 남편도 피부과의사인데, 그 병원엔 봉직의 선생님 세 명이 근무하고 있어요. 세 명의 나이와 학번이 모두 다르지만 서로를 선후배 관계로 대하기보단 같은 전문의 동료로 보고 동등한 입장에서 일한다고 해요.

주기적으로 적성검사를 받나요?

📧 주기적으로 적성검사를 받나요?

📧 적성검사는 따로 받지 않지만 정기적으로 교육을 받고 정해진 평점을 이수해야 해요. 피부과의 경우 학회가 많기 때문에 학회에 몇 번 참석하면 자연스럽게 평점을 취득할 수 있어서 일부러 노력해서 평점을 따려고 해본 적은 없어요.

근무 시간은 어떻게 되나요?

편 근무 시간은 어떻게 되나요?

김 각자 일하고 있는 병원의 운영시간이 근무시간이 되겠죠. 종합병원이나 대학병원은 보통 오전 9시부터 오후 6시까지 진료를 하고 있어요. 저희 병원은 오전 10시부터 오후 7시까지 환자를 진료하고 있어서 그 시간이 제 근무시간이죠. 중간에 한 시간 점심시간이 있고, 목요일 하루는 병원은 운영하지만 저는 진료가 없는 날로 정해놓았어요. 개인 병원의 경우 저희처럼 선생님들이 하루씩 돌아가며 진료를 쉬기도 하고, 평일 중 하루는 오전 진료만 하거나 아예 쉬는 날로 정해놓은 곳이 많아요. 대신 직장인들을 위해 하루 이틀 정도는 야간 진료와 주말 진료를 하기도 하고요.

편 근무 교대는 어떻게 이루어지나요?

김 종합병원이나 대학병원에서는 각 병원의 상황에 따라 근무 교대가 이루어지는데요. 개인 병원의 경우 근무 교대가 따로 없어요. 그렇지만 제가 외부 활동을 해야 할 일이 생기면 다른 선생님이 진료를 대신해 주기도 하죠. 학회는 보통 주말에 열리는데, 가끔 주중에 열리는 학회가 있어요. 꼭 참석하고 싶다면 다른 선생님께 진료를 부탁하고 잠깐 다녀오기도 하죠.

근무 여건은 어떤가요?

편 근무 여건은 어떤가요?

김 종합병원이나 대학병원에 근무하는지, 혹은 개인 병원에 근무하는지에 따라 여건은 천차만별이에요. 각 병원마다 환경이 다르고 장단점이 있겠죠.

편 병원 또는 진료실의 환경이나 분위기는 어떤가요?

김 지금 저희 병원에서 일하고 있는 직원들은 모두 5년 이상 근무

운영중인 병원

직원들과 함께

한 분들이에요. 초반에는 직원 관리 때문에 굉장히 힘들었다고 말씀드렸잖아요. 그 시기가 지나고 자리가 잡히니 지금은 문제가 생기는 일도 그만두는 분도 없이 평온하게 일하고 있죠. 다들 자기 관리에 관심이 많아서 퇴근 후 함께 운동이나 외국어 공부를 하기도 하고요.

노동 강도는 어느 정도인가요?

편 노동 강도는 어느 정도인가요?

김 계절에 따라 차이가 좀 있는데요. 보통 겨울이 오면 환자가 갑자기 늘어요. 한 해가 저물고 새해가 다가올 무렵에는 뭔가를 다짐하는 분들이 많잖아요. 그 다짐에는 점을 빼거나 피부를 관리해 보자는 것도 있거든요. 그런 마음을 먹은 분들이 많이 내원하고 있죠. 건조한 대기 때문에 피부가 간지럽다고 오는 분들도 많고요. 지난 겨울에는 환자가 너무 많아서 잠시 쉴 틈도 없이 전력을 다해 일하다 보니 퇴근 무렵엔 눈물이 나더라고요. 하루 종일 한 번도 쉬지 못한 채 병원을 왔다 갔다 하는 날들이 며칠이나 계속되는 바람에 심신이 모두 치쳤었나 봐요. 연휴 즈음에도 굉장히 바빠요. 연휴를 이용해 시술을 받는 분도 많고, 연휴 기간에 음식을 잘못 먹고 피부에 문제가 생겨 오는 분도 많거든요.

정년은 언제까지인가요?

[편] 정년은 언제까지인가요?

[김] 개업의 또는 봉직의의 경우 정년이 따로 없지만, 대학병원의 교수는 통상 65세가 정년이에요. 하지만 정년퇴직 이후에도 2차 병원이나 공공병원으로 옮겨 계속해서 진료를 하는 분들이 많죠. 아예 개원을 하는 의사도 있고요. 100세 시대를 맞아 정년 이후에도 진료 현장에 남길 원하는 분들이 더욱 많아지고 있어요. 저 역시 제가 할 수 있는 한 오랫동안 피부과의사로 일하고 싶은 바람이 있어요.

직업병이 있나요?

편 직업병이 있나요?

김 레이저 시술을 할 때는 고개를 숙여야 해서 자세가 구부정해져요. 그러다 보니 시술을 자주 하게 되면 어깨나 목 등의 근골격계 질환에 노출되기 쉽죠. 바르지 않은 자세로 반복적인 동작을 하다 보면 목 디스크에 걸리기도 쉽고요. 이를 예방하기 위해 필라테스와 같은 운동을 통해 근력을 강화하고 있어요. 시술 후에는 스트레칭을 통해 목과 어깨의 긴장을 풀어주기도 하고요.

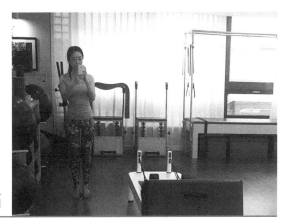

필라테스로
근력 강화시키기

처음 의사가 되었을 때
가장 걱정됐던 점은 무엇인가요?

🔲 처음 의사가 되었을 때 가장 걱정됐던 점은 무엇인가요?

🔲 저는 특별히 걱정됐던 점이 없었는데, 저희 외할아버지께서 의사라는 직업은 다 좋은데 딱 하나 안 좋은 게 있어 걱정이라고 하시더라고요. 환자가 병원에 왔을 때 항상 그 자리에 네가 있어야 하는데 그게 쉬운 일이 아니라고 하셨죠. 당시엔 잘 와닿지 않았는데, 실제로 진료를 하다 보니 무슨 뜻으로 하신 말씀인지 알게 되었어요. 환자들에게 저는 항상 진료실에 존재해야 하는 사람이란 뜻이었죠. 1년에 2~3회 휴식을 위해 3일에서 5일 정도 자리를 비우는데, 환자들은 그 공백을 굉장히 길게 느끼더라고요. 그러다 보니 일주일 이상 어디론가 길게 여행을 떠나는 건 정말 쉽지 않죠.

피부과의사 생활을 하면서
가장 기억에 남는 순간은 언제였나요?

편. 피부과의사 생활을 하면서 가장 기억에 남는 순간은 언제였나요?

김. 피부과야말로 제가 가야 할 길임을 직감했던 때가 가장 기억에 남는 순간이에요. 피부과 레지던트가 되어 첫 번째 저널 논문을 리뷰하는 날이었는데요. 1년 차와 2년 차, 3년 차 레지던트가 차례로 돌아가며 논문을 발표했죠. 마지막으로 3년 차 선생님이 프레젠테이션을 하는데, 한국어로 말하고 있는데도 한마디도 못 알아듣겠는 거예요. 의대를 졸업하고 인턴 수련까지 마친 내가 무슨 말인지 하나도 모르다니 당혹스럽고 무섭다는 느낌이 들어야 하는데, '그래, 바로 이거야, 이게 내가 공부할 분야야.'라는 생각이 들더라고요. 이걸 직관이라고 해야 하나? 어떤 사유도 없이 순간적으로 그런 생각이 들면서 공부하고 싶은 욕심이 생겼죠. 제 길을 찾았다는 생각에 흥분과 기쁨이 교차했고요. 그 뒤로 한동안 3년 차 선생님이 발표한 논문을 출력해 가운에 넣고 다녔어요. 지금은 이해하지 못하지만 알고 싶고 공부하고 싶은 것이 지금 내 주머니 안에 있다고 생각하면서요.

다른 분야로 진출이 가능한가요?

편 다른 분야로 진출이 가능한가요?

김 피부과의사의 경우 진출 분야가 매우 다양해요. 진료를 하다 보면 피부 기능을 강화시킬 이런저런 아이디어가 떠오르기도 하는데, 그런 내용으로 특허를 내고 벤처 사업을 할 수도 있어요. 실제로 더모 코스메틱 화장품을 개발해 브랜드를 운영하는 분들이 꽤 많죠. 직접 창업을 하지 않더라도 화장품 회사나 보톡스, 필러, 레

TV 방송

라디오 방송

이저 회사에서 관련 연구를 할 수도 있어요. 그동안의 진료 경험을 토대로 보건복지부나 보건소에서 일할 수도 있고, 공공의료기관에서 한센병 환자를 진료하거나, 언론사에서 의학전문기자로 일할 수도 있고요. 진료와 방송활동을 병행하며 환자 외에 더 많은 대중과 소통하는 일도 가능하고요.

현재 삶에 만족하세요?

편. 현재 삶에 만족하세요?

김. 네. 저는 지금의 제 인생에 만족하고 있어요. 환자들이 건강하고 만족스러운 삶을 살 수 있도록 도울 수 있어 뿌듯하고, 제가 꿈꾸고 원했던 일을 하고 있어 기쁘거든요. 피부과로 진로를 정한 것이 정말 잘한 일이란 생각이 들어요.

편. 가장 존경하는 의사는 누구인가요?

김. 가깝게는 같은 피부과의사인 제 남편을 존경스럽게 생각해요. 의사의 인생에는 늘 배움이 함께해야 한다고 생각하는데, 남편은 배우려는 의지가 정말 강하거든요. 사실 의대에 다닐 때는 공부하길 싫어했대요. 레지던트가 되고 난 후 직접 환자를 보기 시작하면서 공부에 대한 의지가 강해졌다고 하죠. 늘 공부하며 계속해서 발전해 나가는 모습이 정말 인상적이라 남편을 볼 때마다 나도 더 열심히 해야겠다는 생각을 하게 돼요. 부산에서 병원을 운영하시는 김양제 원장님도 제가 존경하는 분이에요. 의사는 최선의 진료를 위해 끊임없이 연구하고 공부해야 한다고 말해오셨죠. 본인의 노하우와 임상 경험을 후배들에게 아낌없이 가르쳐 주셨고요. 마

존경하는 김양제 원장님과 홍창권 교수님

지막으로 홍창권 교수님은 레지던트 시절 제 의욕을 북돋아주시고 자신의 발전뿐만 아니라 동료들과의 교류와 소통도 중요하다고 일깨워주신 고마운 분이세요.

편 다시 태어나도 의사가 되고 싶으세요?

김 피부과의사로는 살아봤으니 다음 생이 있다면 새로운 일을 해보고 싶어요. 제가 세상을 보는 시각이 독특하다는 얘기를 종종 듣거든요. 글을 아주 잘 쓰지는 못하지만 작가가 되어 저만의 눈으로 바라본 세상을 그려보고 싶네요.

나도

피부과의사

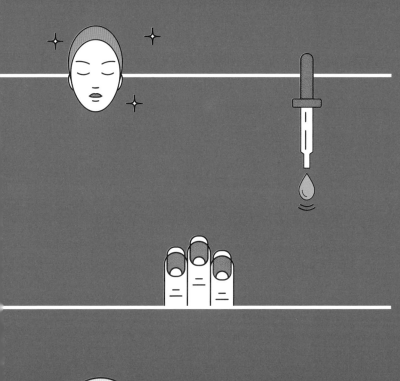
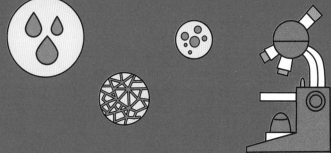

열여섯 가지 피부 타입

피부 타입에 따라 관리도 달라져야 하기 때문에 건강한 피부를 만들기 위해서는 우선 자신의 피부 타입을 정확하게 알아야 해요. 피부 타입은 '오일, 민감, 색소, 주름' 네 가지 지표를 통해 열여섯 가지로 나눌 수 있죠. 이를 바우만 피부 타입 테스트라고 해요. 이 테스트의 지표를 이용해 여러분과 여러분의 친구 또는 가족 은 다음 열여섯 가지 타입 중 어디에 속하는지 확인해 보세요.

01 OSPT 타입

피지-염증-색소침착의 악순환이 반복되고 검은 점이 더 오래 남아 있 는 피부

Oily: 번들거림이 보이고 여드름이 나타나는 피부
Sensitive: 피부 트러블 및 피부 자극으로 예민하게 반응하는 피부
Pigment: 기미, 잡티, 색소침착이 쉽게 나타나는 피부
Tight: 주름이 보이지 않으며 젊고 탱탱한 피부

02
OSNT
타입

감정 변화나 다양한 자극으로 쉽게 얼굴이 붉어지고 곳곳에 여드름이 보이는 피부

Oily: 번들거림이 보이고 여드름이 나타나는 피부
Sensitive: 피부 트러블 및 피부 자극으로 예민하게 반응하는 피부
Non-Pigment: 기미, 잡티, 색소침착이 쉽게 나타나지 않는 피부
Tight: 주름이 보이지 않으며 젊고 탱탱한 피부

03
OSPW
타입

다양한 피부 트러블과 함께 색소침착, 노화까지 겪고 있는 총체적 난국의 피부

Oily: 번들거림이 보이고 여드름이 나타나는 피부
Sensitive: 피부 트러블 및 피부 자극으로 예민하게 반응하는 피부
Pigment: 기미, 잡티, 색소침착이 쉽게 나타나는 피부
Wrinkle: 탄력이 줄어들고 노화가 시작된 피부

04
OSNW
타입

잘 익은 바닷가재처럼 햇빛에 쉽게 붉어지고 번들거리며 종종 여드름이 보이는 피부

Oily: 번들거림이 보이고 여드름이 나타나는 피부
Sensitive: 피부 트러블 및 피부 자극으로 예민하게 반응하는 피부
Non-Pigment: 기미, 잡티, 색소침착이 쉽게 나타나지 않는 피부
Wrinkle: 탄력이 줄어들고 노화가 시작된 피부

05
ORNT
타입

번들거림은 있으나 어느 것 하나 흠잡을 곳 없이 광채가 나는 피부

Oily: 번들거림이 보이고 여드름이 나타나는 피부

Resistant: 특별한 피부 문제없이 피부 장벽이 튼튼한 피부

Non-Pigment: 기미, 잡티, 색소침착이 쉽게 나타나지 않는 피부

Tight: 주름이 보이지 않으며 젊고 탱탱한 피부

06
ORPW
타입

민감성 피부의 흔적으로 매일 아침마다 넓은 모공과 주름, 반점을 마주 하는 피부

Oily: 번들거림이 보이고 여드름이 나타나는 피부

Resistant: 특별한 피부 문제없이 피부 장벽이 튼튼한 피부

Pigment: 기미, 잡티, 색소침착이 쉽게 나타나는 피부

Wrinkle: 탄력이 줄어들고 노화가 시작된 피부

07
ORNW
타입

피부 트러블이 없어 피부에 관심이 적으나 주름과 노화가 눈에 띄는 피부

Oily: 번들거림이 보이고 여드름이 나타나는 피부

Resistant: 특별한 피부 문제없이 피부 장벽이 튼튼한 피부

Non-Pigment: 기미, 잡티, 색소침착이 쉽게 나타나지 않는 피부

Wrinkle: 탄력이 줄어들고 노화가 시작된 피부

08 ORPT 타입

자외선으로 인해 주근깨와 검은 반점이 쉽게 생겨 고민이지만 장점이 훨씬 많은 피부

Oily: 번들거림이 보이고 여드름이 나타나는 피부

Resistant: 특별한 피부 문제없이 피부 장벽이 튼튼한 피부

Pigment: 기미, 잡티, 색소침착이 쉽게 나타나는 피부

Tight: 주름이 보이지 않으며 젊고 탱탱한 피부

09 DSNT 타입

사막에 있는 것처럼 심한 건조함과 화끈거림을 느끼며 각질과 붉은 기를 보이는 피부

Dry: 건조함을 느끼며 각질이 나타나는 피부

Sensitive: 피부 트러블 및 피부 자극으로 예민하게 반응하는 피부

Non-Pigment: 기미, 잡티, 색소침착이 쉽게 나타나지 않는 피부

Tight: 주름이 보이지 않으며 젊고 탱탱한 피부

10 DSPW 타입

피부가 매우 민감하고 얇아 쉽게 반응을 보이며 모든 종류의 문제를 보일 수 있는 피부

Dry: 건조함을 느끼며 각질이 나타나는 피부

Sensitive: 피부 트러블 및 피부 자극으로 예민하게 반응하는 피부

Pigment: 기미, 잡티, 색소침착이 쉽게 나타나는 피부

Wrinkle: 탄력이 줄어들고 노화가 시작된 피부

11
DSNW
타입

하루마다 피부 상태가 급변하고 가려움, 따가움, 홍조 등과 함께 주름이 보이는 피부

Dry: 건조함을 느끼며 각질이 나타나는 피부
Sensitive: 피부 트러블 및 피부 자극으로 예민하게 반응하는 피부
Non-Pigment: 기미, 잡티, 색소침착이 쉽게 나타나지 않는 피부
Wrinkle: 탄력이 줄어들고 노화가 시작된 피부

12
DSPT
타입

수많은 민감 증상으로 매 순간 고통을 받으며 특히 습진, 각질, 색소침착 등을 겪는 피부

Dry: 건조함을 느끼며 각질이 나타나는 피부
Sensitive: 피부 트러블 및 피부 자극으로 예민하게 반응하는 피부
Pigment: 기미, 잡티, 색소침착이 쉽게 나타나는 피부
Tight: 주름이 보이지 않으며 젊고 탱탱한 피부

13
DRPW
타입

과거에는 피부에 문제가 없어 방치하였으나 지금은 검은 반점과 주름을 가진 피부

Dry: 건조함을 느끼며 각질이 나타나는 피부
Resistant: 특별한 피부 문제없이 피부 장벽이 튼튼한 피부
Pigment: 기미, 잡티, 색소침착이 쉽게 나타나는 피부
Wrinkle: 탄력이 줄어들고 노화가 시작된 피부

14 DRNW 타입

젊었을 때 좋은 피부를 유지하지만 건조함과 함께 빠른 노화를 겪는 피부

Dry: 건조함을 느끼며 각질이 나타나는 피부

Resistant: 특별한 피부 문제없이 피부 장벽이 튼튼한 피부

Non-Pigment: 기미, 잡티, 색소침착이 쉽게 나타나지 않는 피부

Wrinkle: 탄력이 줄어들고 노화가 시작된 피부

15 DRPT 타입

자외선으로 인해 기미, 검은 반점이 나타나기 쉽지만 아름답게 관리할 수 있는 피부

Dry: 건조함을 느끼며 각질이 나타나는 피부

Resistant: 특별한 피부 문제없이 피부 장벽이 튼튼한 피부

Pigment: 기미, 잡티, 색소침착이 쉽게 나타나는 피부

Tight: 주름이 보이지 않으며 젊고 탱탱한 피부

16 DRNT 타입

피부결이 좋고 깨끗한 피부

Dry: 건조함을 느끼며 각질이 나타나는 피부

Resistant: 특별한 피부 문제없이 피부 장벽이 튼튼한 피부

Non-Pigment: 기미, 잡티, 색소침착이 쉽게 나타나지 않는 피부

Tight: 주름이 보이지 않으며 젊고 탱탱한 피부

피부과 진료실

여러분은 레지던트 과정을 모두 마치고 피부과 전문의가 되어, 동네에 작은 피부과 병원을 운영하고 있어요. 자신만의 피부 고민을 안고 병원을 찾은 환자들에게 어떤 도움을 줄 수 있을지 생각해 보세요.

CASE.1

중학교 2학년 여학생이 여드름과 붉은 피부 때문에 내원했어요.

나의 진료 차트

사춘기부터 시작되는 여드름의 원인은 여러 가지인데요. 그중 가장 대표적인 것이 호르몬에 의한 피지량 증가예요. 그러나 그 외에도 확인해 봐야 하는 것이 있어요. 바로 음식습관과 수면습관, 손 자극, 헤어스타일이죠. 유제품이나 단 음식, 기름진 음식은 여드름의 염증을 악화시켜요. 너무 늦게 자는 것도 피지 분비를 늘리고 피부의 재생력을 떨어트리죠. 여드름이 거슬린다고 손으로 짜면 자국이 잘 생기는 피부가 되고요. 또한 머리카락이 잘 닿는 부위에 여드름이 잘 생기기 때문에 닿지 않게 해 줘야 해요. 이와 같이 주의해야 할 생활습관을 잘 설명해 주세요.

가족들과 해수욕장에 놀러 갔는데 햇빛을 너무 많이 쬐여서 피부가 욱신거린다는 30대 남성분이 내원했어요.

나의 진료 차트

진료 TIP

일광화상을 입었군요. 일광화상을 입었을 때는 최대한 빨리 응급처치를 해야 해요. 방법은 다음과 같아요. '더 이상 자외선 노출을 막는다, 피부 온도를 떨어트린다, 염증을 감소시킨다.' 피부 온도를 떨어트리기 위해 얼음찜질이나 샤워를 하는 것도 좋은데요. 급격한 온도 변화는 피부에 자극을 줄 수 있기 때문에 얼음찜질을 너무 오래 하는 것보다는 시원한 수건으로 서서히 지속적으로 피부의 온도를 떨어트리는 게 좋아요. 응급처치 방법을 알려주고, 염증을 낮게 하는 약물을 처방해 주세요.

어렸을 때부터 아토피가 있었던 10대 남학생이 내원했어요. 공부로 인한 스트레스를 받으면 피부가 더 가렵고 안 좋아진대요.

나의 진료 차트

진료 TIP

알레르기의 소인이 있는 아동과 청소년은 성장 과정에서 아토피 피부염, 천식, 알레르기 비염 등의 알레르기 질환이 순차적 또는 복합적으로 나타나게 되는 경우가 많아요. 그런 경우 비염이나 천식, 태열 등의 과거력이 있는지, 가족 중에 알레르기 질환을 가진 사람이 있는지, 최근에 원인 검사를 했는지 확인해 봐야 해요. 가족력이 있고 영·유아기 때부터 알레르기 증상이 있었다면, 원인검사를 통해 위험인자의 노출을 피할 수 있는 방법을 알려주고 적정 치료와 지속적인 관리를 할 수 있도록 교육해 주세요.

피부과의사 _____

업무 _____

엿보기 _____

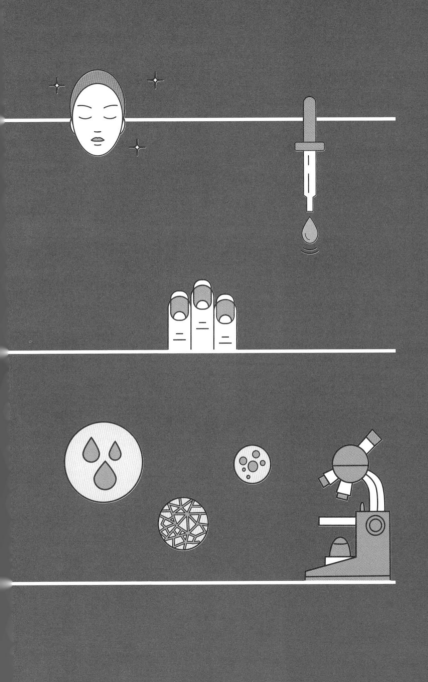

피부과 전문의 김지영의 하루

저는 의대를 졸업하고 수련을 마친 후 피부과 전문의가 되었어요. 2년 정도 봉직의 생활을 하다 지금은 개인 병원을 운영하고 있죠. 오늘 저와 함께 다니면서 피부과의사는 어떤 일을 하는지, 의사의 하루는 어떻게 돌아가는지 경험해 보실래요?

출근

직원들과 간단한 회의를 하고 진료를 준비해요.

오전 진료

오늘의 첫 환자는 20대 중반의 여성 환자예요. 감정의 변화가 오면 얼굴이 붉어져 고민이라고 하네요. 안면홍조는 시간이 흐를수록 악화되기 때문에 조기에 치료하는 것이 중요해요. 피부 상태를 확인해 보니 모세혈관이 늘어나 있어 혈관 레이저를 이용해 혈관과 색소 병변을 치료해 주었죠. 한두 번 더 레이저 치료를 해 주면 효과가 좋기 때문에 다음 진료를 예약하고 주의사항을 알려주었어요. 안면홍조 치료 후에는 바로 세안이 가능하고 일상생활을 할 수 있으나 사우나나 자극적인 음식, 지나친 음주는 자제해야 해요. 너무 늦게 자면 피부 재생이 늦어지니 피부 건강의 골든타임인 밤 11시에서 새벽 1시 사이에는 꼭 자야 하고요.

두 번째 환자는 여드름 치료를 받는 30대 초반의 남성 환자예요. 의학적 피부 관리를 통해 피부결을 정돈하고 기본 압출 및 필링 관리에 들어가요. 그다음으로 피부에 약물을 도포하고 레이저를 조사한 후 진정시키면 치료가 끝나죠. 시술 후에도 통증이 거의 없으며, 바로 일상생활이 가능한 치료예요. 담배는 꼭 끊으라고 말씀드렸어요.

점심시간

한 시간 정도 점심을 먹으며 휴식을 취해요.

오후 진료

오늘 오후는 땀샘흡입술 시술로 시작하네요. 다한증 때문에 고민인 20대 후반의 여성 환자인데요. 레이저를 이용해 땀샘흡입술을 하기로 했어요. 먼저 1차 레이저를 조사해 땀샘을 위축, 파괴해요. 다음으로 특수 약물을 주입해 주변 조직을 부드럽게 만들어 주죠. 어느 정도 시간이 흐르면 2차 레이저를 조사하고, 부분마취를 한 다음 땀샘을 제거해요. 드레싱까지 마치고, 시술 후 주의사항을 안내해 줘요. 땀샘흡입술 이후에는 팔을 사용하는 무리한 운동이나 힘을 쓰는 동작은 피해야 해요. 간단한 샤워는 다음 날부터 가능하고요.

다음 환자는 50대 후반의 여성 환자예요. 피부가 칙칙해서 본인의 나이보다 더 들어 보이는 것이 고민이라고 해요. 미백을 위해 레이저 시술을 하기로 했어요. 기기를 이용해 다양한 미백 물질을 피부에 침투시키는 시술이죠. 한 번의 시술만으로 피부 톤이 많이 개선되었네요.

Job
Propose 34

퇴근

오늘 진료는 7시까지예요. 수요일은 다른 날보다 일찍 퇴근하는 날이라 요가를 하러 가죠. 한 시간 정도 조용한 음악을 들으면서 요가를 하면, 뻣뻣하고 긴장됐던 근육들이 풀어지며 이완이 돼요. 아무리 피곤해도 운동을 하고 나면 다시 건강한 에너지가 생겨요.

저녁시간

집에 와서 저녁을 먹고 어제 보다가 만 책을 읽어요. 영국의 피부과의사 안잘리 마토가 쓴 『스킨케어 바이블』이란 책인데요. 젊은 시절 여드름으로 크게 고생했던 저자가 피부과의사가 되어 환자들의 질문에 영감을 받아 펴낸 책이죠. 피부와 스킨케어에 대한 양질의 조언만을 잘 골라 담아 정리했네요.

피부과의사에게

궁금한 _____

Q&A _____

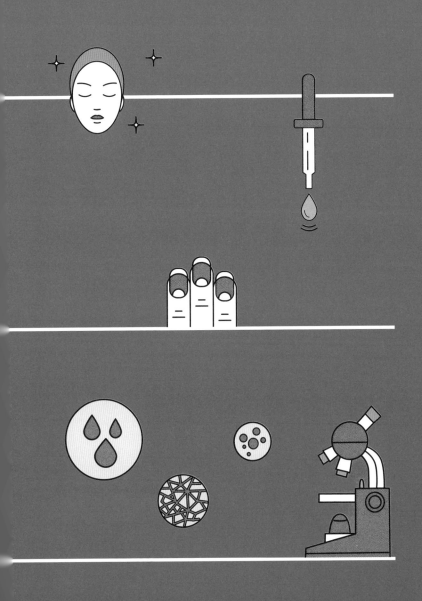

Q 피부는 타고나는 건가요?

A 피부를 건강하게 하는 요인은 유전적인 요소와 후천적인 요소로 나뉘어요. 피부의 두께나 피지량, 색소량 등은 유전적인 요소에 해당하며, 피부가 두껍고 피지와 색소가 많을수록 외부환경에 대한 저항력이 높죠. 선천적으로 유전자를 잘 받아 태어난다면 좋겠지만, 그렇지 못한 경우에도 매일매일 하는 나의 모든 행동들이 쌓이고 모이면 피부를 바꿀 수 있어요. 생활습관이 세포와 유전자까지 바꾸어 준다는 의학적, 과학적인 근거를 후성유전학에서 찾아볼 수 있죠. 반대로 아무리 좋은 유전자를 가지고 태어난 사람이라도 매일 건강하지 못한 음식을 먹고 수면 부족과 스트레스에 시달린다면 염증으로 인한 노화가 빠르게 일어나게 돼요. 이를 염증성 노화라고 하죠. 생활습관이 중요한 이유는 매 순간의 환경과 행동이 유전자와 상호작용하면서 결국 유전자를 역전할 수 있기 때문이에요. 이것이 바로 후성유전의 힘이죠.

Q 물을 많이 마시는 것이 피부 건강에 도움이 되나요?

A 네. 맞아요. 건강한 성인을 대상으로 하루 3.2리터의 물(음식 포함)을 마시는 그룹과 하루 3.2리터 이하의 물(음식 포함)을 마시는 그룹 간의 피부 상태를 측정한 연구가 있었어요. 물을 덜 마시는

그룹을 대상으로 하루 2리터의 물을 더 마시게 한 후 피부가 어떻게 변화하는지 검사했죠. 검사 결과 피부의 표면 수분과 진피층 수면이 둘 다 증가했어요. 물을 충분히 마시게 되면, 아주 약간이지만 피지량이 줄어들고, 피부 표피와 진피층의 수분 함유량이 높아지는데요. 진피층의 수분은 피부가 움직일 때 발생하는 피부 속 마찰력을 완화하는 윤활유 역할을 하기 때문에 피부 진피층 건강에 도움이 되죠. 물도 엄연한 필수영양소예요. 우리 몸에 필요한 성분을 녹이는 용매로서 이온화된 성분을 전신에 공급하는 전달자의 역할을 하거든. 즉, 아무리 영양제를 많이 먹어도 물을 마시지 않으면, 영양성분을 세포 내로 효과적으로 이동시킬 수 없는 것이죠.

Q 아침엔 물 세안만 해도 되나요?

A 전날 이중 세안을 했다면, 그 다음날 아침에는 물로만 세안해도 돼요. 특히 건조 피부나 노화 피부인 경우에는요. 운동을 자주 하거나 땀을 많이 흘려 두 시간 간격으로 자주 씻는 경우에는 물 세안만 하는 것이 피부 건강에 좋고요. 저도 아침에는 물 세안만 하고 있어요. 단, 여드름이 있거나 피지량이 많은 피부, 치료용으로 처방받은 여드름 연고 또는 미백 연고를 바르는 경우에는 약산성의 순한 클렌저로 세안하는 것을 권하고 있어요.

Q 세안을 할 때는 뽀드득거리는 느낌이 날 때까지 씻어야 하나요?

A 세안의 기본적인 목적은 깨끗하게 씻기예요. 그렇지만 과도한 세안은 피부의 천연 보습인자와 장벽을 헤칠 수 있죠. 즉, 세안은 피부 건강의 입장에서 보면 '양날의 칼'인데요. 건강한 세안을 하려면 피부 자극은 적게 주면서 먼지 등 각종 오염 물질은 깨끗이 씻어내야 하죠. 건강한 세안법을 알려드릴게요. 먼저 거품 망을 이용해 거품을 최대한 풍부하게 만들어주세요. 그다음 거품을 손바닥 위에 놓인 야구공이라 생각하고, 이 공을 피부에 굴린다고 상상하며 세안하는 거예요. 거품은 세정에도 중요하지만 피부와 손바닥 사이의 쿠션 역할을 해서 자극을 줄여주죠. 작은 곡선을 그리며 꼼꼼히 손을 놀리면 굴곡이 있는 부분까지 빈틈없이 씻을 수 있어요. 마지막으로 물로 충분히 헹구고, 수건으로 톡톡톡 닦아주세요.

Q 1일 1팩을 하면 피부가 좋아질까요?

A 마스크팩은 많은 사람들이 사용하는 홈 케어 방법이죠. 하지만 안타깝게도 마스크팩을 매일 사용한다고 해서 장기적으로 피부 건강에 도움이 된다는 과학적 증거는 거의 없어요. 그러나 시간을 투자해서 매일 셀프케어를 하는 과정이 피부에 긍정적인 효과를

줄 수 있으며, 자신에게 맞는 제품을 선택하기만 한다면 규칙적인 마스크팩 케어로 인해 피부가 더 안 좋아지거나 잘못되는 일은 없을 거예요. 단, 20분 이상 장시간 사용 시 피부에 홍조나 자극이 생길 수 있으니 주의하세요.

Q 선크림은 사계절 내내 발라야 하나요?

A 계절이나 시간, 날씨와 관계없이 자외선 차단제 사용을 권하고 있어요.

Q 집에서 손이나 압출기를 이용해 피지 또는 여드름을 짜도 될까요?

A 외부 자극에 의해 여드름이 생기거나 악화된다는 사실을 아시나요? 비비고 문지르고 누르는 모든 자극은 여드름을 악화시킬 수 있죠. 압출기로 피지를 누르거나 손으로 피부를 비틀듯이 짜는 자극은 여드름의 염증을 악화시키고, 각질을 피부 속으로 깊이 짓누르는 역할을 해요. 색소침착과 같은 흉터를 남기게 되고요.

Q 여드름은 여름에 더 잘생기나요?

A 네. 여드름은 여름철 땀으로 인해 발생하거나 악화될 수 있어

요. 연구 결과에 따르면 여드름 환자의 40~50퍼센트가 발한에 의해 여드름이 악화되었다고 해요. 특히 청소년이나 운동선수, 군인처럼 신체활동이 많은 경우 땀으로 인한 여드름 발생률이 높죠. 땀을 흘리면서 동시에 마찰까지 일어난다면 더 쉽게 여드름이 생기고요. 요즘엔 스마트폰의 사용과 관련해 열과 마찰, 땀에 의한 자극으로 여드름이 악화되는 경우도 많아요. 땀은 99퍼센트가 물이지만, 나머지 1퍼센트는 요소와 염분, 젖산, 칼륨, 전해질로 이루어져 있는데요. 이러한 성분이 여드름뿐만 아니라 피부에 자극을 주는 요소가 될 수 있죠.

Q 여드름이 나는 부위는 장기와 관련 있나요?

A 한의학에서는 여드름이 발생한 특정 부위가 관련된 장기의 질병을 의미한다고 얘기하는데 이는 사실이 아니에요. 입 주위에 여드름이 자주 나면 자궁이 좋지 않다는 속설도 있는데 이 역시 사실이 아니고요. 입 주위 피부는 피지선이 밀집되어 있고, 각질세포가 작아 피부 장벽 기능이 약한 곳이에요. 이런 곳에 한번 염증이 생기면, 잘 아물지 않고 말을 하고 식사를 하는 등 계속 움직이게 되어 상처의 치유가 더디게 되죠. 이러한 이유로 입이나 턱 주위에 여드름이 생기면 다음과 같은 점에 주의해야 해요. 첫째, 입 주위에 박

혀 있는 피지는 세안하면서 밀거나 제거하지 않아요. 둘째, 적절한 보습을 해줘요. 셋째, 여성의 경우 배란기 이후에는 여드름을 악화시키는 단 음식이나 유제품, 튀긴 음식을 멀리해요.

Q 튼살을 원래대로 되돌릴 수 있나요?

A 튼살은 어떤 방법을 이용해 치료하더라도 완벽한 치료가 어려워요. 그러므로 예방이 가장 중요하지만, 일단 생겼다면 붉은 기운이 남아 있는 초기에 치료를 해야 더 이상 진행하는 것을 막을 수 있죠. 붉은색의 튼살 즉, 초기의 튼살 치료에는 혈관 레이저를 이용해요. 혈관 레이저가 붉은 색조를 제거하고 피부가 다시 차오르도록 도와주죠. 4주 간격으로 5회 전후의 시술을 받게 되면 붉은 색조가 빠지고 하얀색으로 변해가는 양상을 보이게 되는데, 그때부터는 프랙셔널 레이저를 이용해 치료해 줘요. 그럼 피부결이 좀 더 좋아지면서 표시가 덜 나는 상태로 변하게 되죠. 이러한 치료 과정 중에 바르는 연고 도포를 병행하면 더욱 효과가 좋은데, 이는 전문 의약품이라 피부과의사의 처방이 필요해요.

Q 춥지도 않은데 얼굴이 붉어질 땐 어떻게 해야 하나요?

A 피부가 붉어지는 현상을 안면홍조라고 해요. 병원에서는 레

이저를 이용하여 안면홍조를 치료하는데, 치료 기간이나 효과에는 개인차가 있어요. 붉은 얼굴의 원인이 실핏줄 때문이라면, 1~2회 치료만으로도 효과가 만족스럽지만 사람에 따라 치료가 길어지거나 레이저 치료가 맞지 않는 경우도 있죠. 여러 가지 악화 요인이 반복적으로 작용하게 되면, 다시 다른 혈관이 늘어나게 되어 붉어지게 될 수도 있고요. 따라서 치료와 더불어 다음과 같은 적절한 생활습관을 유지해야 지속적으로 만족스러운 결과를 얻을 수 있죠. 첫째, 과도한 일광 노출은 피한다. 둘째, 사우나나 급격한 온도 변화가 있을 만한 상황은 피한다. 셋째, 술이나 담배, 카페인이 함유된 음료, 치즈, 초콜릿, 자극적이거나 뜨거운 음식 등은 가급적 삼간다. 넷째, 얼굴에 바를 때 자극이 있는 것들은 바르지 않는다. 다섯째, 화장품을 쓰는 데 있어 특히 스킨, 토너 등은 가급적 알코올 성분이 적게 함유된 제품을 사용한다. 여섯째, 따갑거나 피부에 자극을 주는 화장품은 쓰지 않는다. 일곱째, 인터넷에서 효과가 있다고 알려진 피부 외용제를 함부로 도포하지 않는다. 여덟째, 자외선 A와 B를 모두 차단할 수 있는 자외선 차단제를 자주 도포한다. 아홉째, 규칙적인 생활과 함께 스트레스를 피한다. 열째, 쾌적한 환경에서 적당한 운동을 한다.

Q 성인이 되어 심해진 아토피는 어떻게 치료해야 하나요?

A 17~18세 이후에 아토피가 생기거나 어려서 생긴 아토피가 그 이후에도 지속되는 것을 성인 아토피라고 해요. 18세 이후에 처음 아토피가 발생하는 경우, 자신이 아토피 피부염일 수도 있다는 인식이 부족하기 때문에 치료가 늦어지는 일이 많아 조기 진단이 중요하죠. 성인 아토피인 경우 생물학적 제제인 '듀피젠트'와 같은 신약으로 빠른 치료 효과를 기대할 수 있어요. 하지만 기본적으로 보습제의 사용과 알레르기 요인 회피, 규칙적인 생활, 비타민 D 보충, 건강한 장내 세균과 같은 기본적인 관리가 선행되어야 하죠.

Q 모자를 쓰는 것과 탈모가 관련이 있나요?

A 장기간의 모자 착용은 두피에 모낭염 등을 일으킬 수 있고, 반복적인 두피 염증은 탈모의 악화인자가 되죠. 그렇지만 자외선으로부터 모발을 보호하기 위해서는 챙이 넓은 모자를 쓰는 것이 좋기 때문에 저는 특히 여름철이라면 모자 착용을 추천하는 편이에요. 탈모를 예방하고 자외선으로부터 두피와 모발을 보호하기 위해서는 통풍이 잘 되는 소재를 선택하고 느슨하게 착용하는 것이 좋아요.

Q 머리를 감고 말리지 않으면 탈모가 되기 쉬운가요?

A 두피는 피지량이 많기 때문에 너무 습한 환경에 오랫동안 방치하면 피지와 습기를 좋아하는 말라쎄지아 같은 곰팡이균이 증식하여 지루 피부염을 일으킬 수 있어요. 지루 피부염은 탈모를 일으키는 대표적인 질환이고요. 건강한 두피를 만들고 싶다면 평상시에는 머리를 감은 후 부드럽게 마사지하며 자연 건조하고, 가끔 모발팩을 이용해 영양과 수분을 공급해 주는 것이 좋아요.

Q 염색과 탈색을 자주 하면 머리숱이 줄어드나요?

A 탈색제의 1제는 대부분 강한 알칼리제로 모발을 연화시켜 탈색 약제를 잘 침투하도록 하는 역할을 하는데요. 이 알칼리성 제제는 피부 장벽을 손상시키기 때문에 두피의 피부염이나 모낭염을 일으키게 되고, 이로 인해 머리숱이 줄어들 수 있죠. 그 이외에도 과도한 빗질이나 드라이어의 뜨거운 열기, 펌 등도 머릿결을 손상시킬 수 있어요.

Q 호르몬의 변화로 인해 기미가 생기기도 하나요?

A 네. 여성호르몬의 급격한 변화 시기인 임신과 출산을 전후로 기미가 생기기도 해요. 그러나 기미의 가장 큰 악화 요인은 자외선

과 노화죠. 자외선 노출과 피부 노화는 피부 속에 활성산소를 증가시키는데요. 활성산소는 피부의 정상 세포를 손상시켜 멜라닌 색소를 생성하며 기미와 색소침착의 원인이 되고 있어요.

Q 호르몬의 변화로 생긴 기미도 없앨 수 있나요?

A 모든 기미 치료의 목표는 기미의 뿌리를 뽑는다기보다는 기미의 활성을 낮추어 메이크업 베이스나 비비크림과 같은 가벼운 화장으로 가려질 수 있는 상태 또는 세안 후에 자세히 보면 보이지만 남들은 잘 모르는 상태에 이르는 거예요. 레이저 치료와 약물 치료를 병행해 기미의 활성을 낮출 수 있죠.

Q 크고 진한 점은 빼도 다시 생기나요?

A 크고 진한 경우, 점의 세포가 진피층 깊이 있다면 레이저 치료를 한 후에도 흐리고 작은 점이 다시 생길 수 있어요. 또한 자외선 노출이 계속되는 한 점은 계속 생기게 되고요. 점의 크기가 너무 크거나 모양 또는 색이 불규칙한 경우 레이저로 제거하기 전에 악성인지 아닌지 확인하기 위해 조직 검사가 필요할 수도 있어요.

Q 연성섬유종(쥐젖)을 만지면 다른 부위로 퍼지거나 다른 사람에게서 옮기도 하나요?

A 연성섬유종은 사람에게 옮기거나 다른 부위로 퍼지지 않아요. 연섬섬유종과 모양이 아주 비슷한 편평사마귀라는 질병이 있는데요. 이는 납작하게 튀어나온 옅은 갈색의 병변으로 눈 주변을 포함한 얼굴이나 몸 전체에 생길 수 있어요. 편평사마귀는 인간 유두종 바이러스의 피부 감염에 의해 발생하며 점점 퍼질 수 있으므로 초기에 제거하는 것이 좋아요.

피부과

이슈

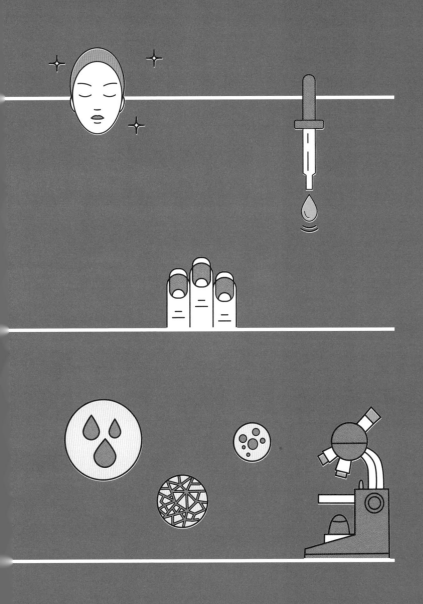

최근 피부과에서 화두가 되고 있는
이슈는 무엇인가요?

미세먼지

첫 번째 이슈는 미세먼지예요. 매일 미세먼지 농도를 체크해가며 실외 활동 여부를 결정할 정도로 상황이 심각하다 보니 미세먼지와 관련한 국책 연구도 활발히 이루어지고 있는데요. 관련 논문에 따르면 미세먼지가 기침이나 호흡 곤란을 일으키는 것은 물론 아토피 피부염이나 피부 노화에도 영향을 미친다고 하죠. 여드름을 악화 시키기기도 하고요. 구체적으로 얘기하자면, 미세먼지 농도가 0.01pm이 증가할 때마다 아토피 피부염의 발생 위험도가 약 3퍼센트 정도 상승한다고 해요. 매우 높은 수치죠. 미세먼지는 말 그

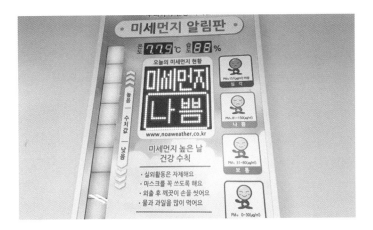

대로 입자가 매우 작은 먼지라 사람의 모공보다 작아요. 피부를 통한 침투가 가능하단 얘기죠. 미세먼지 농도가 높은 날에는 가능한 외출을 자제하며, 실외 활동이 꼭 필요하다면 황사마스크를 착용하고, 화장을 고치는 일은 되도록 적게 하는 것이 좋아요. 화장품을 덧바르는 것은 미세먼지까지 함께 덧바르는 격이거든요. 외출 후에는 피부를 깨끗하게 씻는 것도 중요하고요.

마스크

두 번째 이슈는 마스크예요. 코로나19로 인해 마스크 착용이 생활화되면서 피부 트러블이 증가하고 있는데요. 우리의 피부는 환경에 예민하게 반응하기 때문에 마스크를 오랜 시간 착용하게 되면 크고 작은 문제가 생기게 돼요. 가장 대표적인 문제가 여드름이죠. 마스크를 착용하면 공기가 잘 순환되지 않아 내부가 고온다습해져요. 이런 환경이 지속되면 피지가 과다하게 분비되고요. 결국 피지가 땀이나 노폐물과 섞여 모공을 막아 여드름이 악화되기 쉬워지

죠. 여드름을 예방하기 위해선 씻지 않은 손으로 얼굴을 만지지 말고, 마스크가 오염되었다면 바로 교체해 줘야 해요. 불가피한 상황이 아니라면 장시간 마스크를 착용하지 않도록 하고요. 땀띠 때문에 고생을 하는 분도 많죠. 땀이 배출되는 통로인 땀관의 일부가 막히면 땀띠가 나는데요. 땀띠는 그동안 땀샘의 밀도가 높고 체온 조절 능력이 떨어지는 아이들에게서 주로 발생했어요. 하지만 최근 마스크의 착용 시간이 길어지면서 입과 코 주변의 땀이 증발하지 못해 땀띠로 고생하는 성인들이 많아졌죠. 가렵다고 긁으면 세균으로 인한 2차 감염이 일어날 수 있으므로 손으로 만지지 말고, 물로 자주 씻어주되 비누 사용은 자제하는 것이 좋아요.

더모 코스메틱

세 번째 이슈는 더모 코스메틱이에요. 사실 더모 코스메틱은 몇 년 전부터 대중화되었지만, 최근 들어 방송을 통해 좋은 성분과 기능, 합리적인 가격, 안전성 등이 소개되면서 더욱 큰 인기를 누리고 있죠. 더모 코스메틱이란 Dermatology와 Cosmetics의 합성어로 피부과학을 기반으로 만들어진 화장품을 말해요. 보통은 약국이나 병원에서 파는 기능성 화장품으로 알고 있죠. 요즘엔 아토피 피부염 같은 경우 관련 화장품을 구입할 때 일반 약처럼 실비 보험의 적

용을 받을 수 있어요. 더모 코스메틱이 피부 가능을 회복하는 데 도움을 준다고 인정되었기 때문이죠. 일반적으로 피부 유형을 건성이나 지성, 복합성으로 나누는데 비해, 더모 코스메틱에서는 과민감성, 손상피부, 극건성 등 피부 문제별로 유형을 나누고 그에 따라 세분화된 제품을 만들고 있어요. 개개인의 피부 고민에 따라 맞춤관리가 가능하기 때문에 민감한 피부를 가진 사람들이나 자극이 적고 안전한 제품을 원하는 사람들의 사랑을 받고 있죠.

피부과의사 _____

김지영 _____

스토리 _____

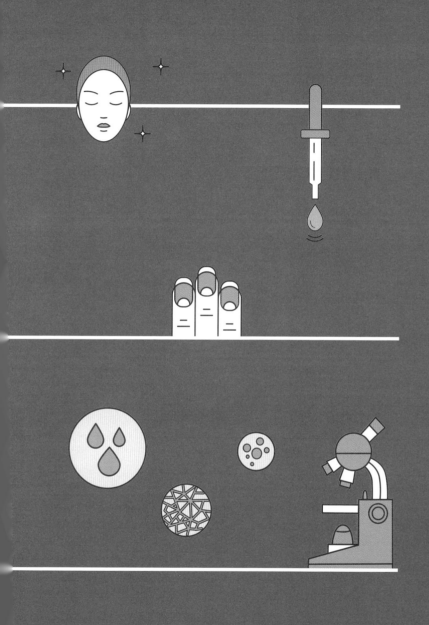

🔠 어린 시절에 대한 이야기가 궁금해요. 부모님은 어떤 분이셨는지, 어린 시절 환경은 어땠는지 알려주세요.

🔠 저는 제주도에서 태어나 고등학교 때까지 살았는데요. 제 고향은 여성에게 매우 친화적인 지역이에요. 제주도 방언에 '요망지다'라는 단어가 있는데, 똑똑하고 야무지다는 뜻으로 주로 여성을 설명하는 데 쓰이고 있죠. '요사스럽고 망령되다' 혹은 '언행이 방정맞고 경솔하다'라는 뜻의 '요망하다'와는 다른 의미의 말이에요. 매사에 똑 부러지고 자신의 생각을 분명히 말하는 여성이 있을 때, 어떤 지역에서는 드세다거나 나선다는 말을 하기도 하지만, 제주도에선 여성의 독립성과 능력에 매우 관대하기 때문에 요망지다고 하며 칭찬하고 응원해 주죠.

이러한 문화적 배경에서 자란 덕분에 제주도의 여성들은 독립성이 강한 편이에요. 게다가 저희 부모님은 딸 셋에 아들 하나를 두셨는데, 딸들의 교육과 능력 개발에 적극적이셨죠. 여자든 남자든 행복하게 살기 위해서는 스스로 설 수 있어야 한다고 생각하셨거든요. 덕분에 다들 성적이 좋았어요. 지금 첫째 여동생은 산업자원통상부 사무관으로, 둘째 여동생은 약사로 일하며 각자의 위치에서 능력을 발휘하고 있죠. 부모님이 저희를 기르던 시대에는 알파걸이란 단어가 없었지만, 세 딸의 교육을 적극적으로 지원하시며

자신감과 성취욕이 넘치는 알파걸로 키워내셨다는 생각이 들어요.

편 어렸을 때 꿈은 뭐였나요?

김 어려서는 누가 꿈이 뭐냐고 물으면 소방관이나 군인이 되고 싶다고 했어요. 이것도 지역적인 특성인지 제주도에선 여자들의 장래희망과 남자들의 장래희망에 구분이 거의 없었죠. 여자는 이 래야 하고 남자는 이래야 한다는 성역할에 대한 고정관념이 없었 거든요.

편 어린 시절 특별히 기억에 남는 일이 있나요?

김 어렸을 때 집 근처에 소아과가 있었는데요. 저희가 4남매라 소아과에 가는 일이 많다 보니 병원이 매우 친숙한 공간이 되어버렸죠. 친구 중에는 병원이 무섭다고 하는 아이도 있었는데, 저는 병원에 가는 일이 신나고 좋기만 했어요. 의사와 간호사 선생님들이 모두 상냥하고 친절하셨거든요. 가지고 놀라고 쓰고 남은 주사기를 주기도 하셨고, 약도 쓰지 않게 딸기 시럽을 듬뿍 넣어 주셨죠. 그 소아과가 저에겐 일종의 놀이터였는데, 다른 의사들과 얘기를 해 보면 저처럼 좋은 기억을 가진 사람만 있는 건 아니더라고요. 그렇게 안 좋은 기억이 있는데 어떻게 의사가 됐냐고 물을 정도로 나쁜 기억을 가진 사람도 있었고요. 그런 얘기를 나누다 보니 저에게 병원을 놀이터처럼 느끼게 해 준 소아과 선생님들에게 정말 감사한 마음이 들었어요. 저처럼 저희 병원을 찾은 아이들도 좋은 기억을 가지고 갈 수 있도록 노력하게 되었고요.

편 중, 고등학교 시절엔 어떤 학생이었나요?

김 욕심이 좀 많은 학생이었어요. 중학교에 장학금 제도가 있다는 걸 알게 되자 그때부터는 공부에 더욱 욕심을 내기 시작했죠. 장학금을 받기 위해 누가 말하지 않아도 스스로 알아서 공부했어요. 새벽 4시에 알람을 맞춰 놓고 일어나서 그날 배울 내용을 예습하고 등교할 정도로 열심히 했죠.

편 그렇게 열심히 공부했다니, 성적도 좋았을 것 같네요.

김 고등학교 1학년 때까지 제가 수학이나 과학을 잘한다고 생각해서 2학년 때 자연계 이과로 갔는데요. 그 뒤로 처음 본 시험에서 수학 30점을 받는 바람에 너무 큰 충격을 받았어요. 그날로 서점에 가서 나와 있는 수학 문제집을 모두 사고, 근처에 있던 몇몇 학원에 등록했죠. 문제집을 풀고 또 풀고 여러 학원에서 강의를 들었더니, 다음 도내 수학경시대회에서 동상까지 받게 되었어요. 머리가 좋았던 동생과 달리 저는 노력파라 엄청나게 열심히 공부해서 그런 상도 받고, 좋은 성적을 유지해 고등학교도 차석으로 졸업할 수 있었죠.

편 특별히 좋아했던 과목이나 싫어했던 과목이 있었나요?

김 그런 과목은 없었는데, 잘하지 못했던 과목은 있었어요. 체육을 엄청나게 못했죠. 저희 학교에서는 테니스도 가르치고, 탁구와 소프트볼, 수영도 가르쳤는데요. 어떤 종목을 하던 다 D였어요. 다른 과목은 노력하면 성적이 오르는데 체육은 그게 잘 안됐죠.

편 의대로 진로를 결정하게 된 계기가 궁금해요.

김 중학교 2학년 때 〈사랑을 위하여〉라는 드라마를 보게 됐어요. 인턴인 주인공의 성장 과정을 그린 작품인데요. 지금 생각해 보면 의학적인 부분에서 말도 안 되는 장면들이 많지만, 당시엔 병원의 모습이 꽤 흥미롭게 느껴져 재미있게 봤죠. 주인공이 정말 예쁘고 사명감 넘치는 인물로 그려져서, 그런 주인공을 보면서 나도 저런 의사가 되고 싶다고 생각하게 되었고요.

편 진로를 선택하는데 영향이나 도움을 준 사람이 있나요?

김 저희 부모님이 자녀의 교육과 능력 개발에 관심이 많으셨다고 했잖아요. 특히 아버지가 굉장히 열성적이셨어요. 모의고사 성적이 나오면 선생님 대신 아버지와 전국 배치표를 펼쳐 놓고 진로를 상의하곤 했죠. 성적이나 학원 등 공부와 관련된 것을 상담하면 늘 상세하게 도움을 주셨고요. 제가 중앙대학교 의대에 지원하게 된 것도 아버지의 조언을 받아들인 것이었어요. 성적이 기대보다 좋지 않게 나오는 바람에 어떻게 해야 할지 고민이 되었는데, 논술 준비만 잘하면 내신과 수능 성적으로 갈 수 있는 가장 좋은 선택지는 그 학교라고 하셨거든요. 이후 논술 준비도 매일매일 정성껏 도와주셨죠. 저도 상당한 노력파인데 아버지도 열성적이라 본인까지 거들면 안 될 것 같아 엄마는 적당히 물러나 계셨던 것 같아요.

[편] 대학 생활은 어땠나요?

[김] 의대생이 되면 해야 할 공부도 봐야 할 시험도 많아 바쁘지만 시간을 잘 활용하면 동아리 활동이나 취미 활동을 하면서 머리를 식힐 수 있어요. 저 같은 경우 중, 고등학교 시절에도 방송반과 중창반 활동을 하면서 공부하는 틈틈이 긴장을 풀었고요. 대학생이 되어서는 합창반 동아리에 들어가 노래를 부르며 즐거운 시간을 보냈죠. 동아리 활동을 통해 선후배들과도 인연을 맺을 수 있었고요. 본과에 올라가서는 1학년 때부터 재즈 댄스에 흥미를 느껴 취

미로 삼았는데요. 댄스는 운동도 되지만 음악에 맞춰 자유롭게 감정을 표현하다 보니 스트레스를 발산하는 데도 도움이 되었죠.

편 어떤 과정을 거쳐 이 직업을 갖게 되었나요?

김 의대를 졸업하고 인턴과 레지던트 과정을 거쳐 피부과 전문의가 되었어요. 저는 본과 때부터 피부과에 가겠다고 마음을 먹었는데요. 경쟁률이 높은 과라 좋은 성적을 유지하기 위해 굉장히 노력했죠. 덕분에 계속 1등을 한 것은 아니었지만 상위권에서 벗어나진 않았고, 원하던 피부과에 갈 수 있었어요.

편 이 분야의 전문가가 되기까지 얼마나 걸린 건가요?

김 보통 의대 6년, 인턴 1년, 레지던트 4년의 과정을 거쳐 전문의가 되죠. 저 역시 19살에 의대에 들어가서 29살에 레지던트 4년 차가 되었고, 그다음 해에 전문의 자격증을 취득했으니 11년이 걸렸네요. 중간에 휴식 기간을 가지는 사람도 있고, 시험에 떨어져서 어쩔 수 없이 1년을 흘려보내는 사람도 있는데요. 그런 경우라면 11년이 넘게 걸리기도 해요.

책으로 예방접종을 한다?

김지영

編 직업관을 형성하는 데 도움을 준 책이나 영화가 있을까요?

金 레지던트 시절 몸과 마음이 모두 힘들었을 때 저를 지탱해 준 책이 있었어요. 빅터 프랭클의 『죽음의 수용소에서』라는 에세인데요. 정신과의사인 저자가 아우슈비츠 강제 수용소에서 겪은 참혹한 고통을 건조하고 담담한 시선으로 적어 내려간 작품이죠. 빅터 프랭클은 괴롭고 힘든 상황에 처했지만, 어느 순간 그런 상황을 객관적으로 바라보게 돼요. 이 끔찍한 상황을 힘든 것으로 받아들일지 유의미한 것으로 받아들일지는 자유 의지로 결정할 수 있다고 생각한 것이죠. 그러한 사유를 통해 비참한 상황과 고통을 이겨내는 모습을 보고 어떻게 고난을 극복하고 삶을 다시 살아가야 하는

지 조금은 알게 되었어요. 책을 읽는 내내 왜 살아야 하는지, 삶의 의미란 무엇인지 생각하면서, 제 직업관과 인생관을 정립했고요. 언제 또 힘든 순간이 오더라도 그 고통 속으로 가라앉지 않고 내가 가야 할 길만을 생각하기로 했죠.

베셀 반 데어 콜크가 쓴 『몸은 기억한다』라는 책에서도 직업적인 도움을 많이 받았어요. 트라우마에 대한 현대의 고전이라고들 하죠. 트라우마라는 진단명이 어떻게 생겼는지부터 치료법의 발달 과정은 물론 트라우마가 사회에 미치는 파장까지 구체적으로 보여주는 책이거든요. 저자는 논문이나 텍스트를 믿지 말고 오로지 환자만을 믿으라고 얘기하는데요. 아무래도 제 전공이 정신건강의학과가 아니다 보니 트라우마 치료법보다는 환자만이 진실이라고 한 부분이 크게 와닿더라고요. 이 말은 피부과에도 적용 가능한 말이거든요. 그 말의 깊이를 느낀 후로 진료를 볼 때면 무엇보다 환자를 가장 중심에 두게 되었죠.

편 의사가 되어 첫 출근한 날, 기억나세요? 어떤 생각이 들었는지 궁금해요.

김 너무 떨리고 긴장됐죠. 첫 환자가 점을 빼러 온 분이었는데, 점 빼는 게 어려운 치료가 아니거든요. 수련의일 때도 수없이 많이 해

봤고요. 그런데도 굉장히 다르게 느껴졌어요. 저를 보호해 줬던 교수님이나 대학병원이라는 울타리가 더 이상 존재하지 않는다고 생각하니 불안했던 것 같아요. 무슨 일이 생기건 오로지 나 혼자 책임져야 했기에 걱정도 됐고요. 하루 종일 바짝 긴장한 채로 보냈던 기억이 나네요.

편 선생님이 생각하는 본인의 장점과 단점은 무엇인가요?

김 사람들이 저에게 열정적이라는 말을 많이 하는데요. 사실 매사에 열정이 넘쳐서 그 모든 일을 해내는 것은 아니에요. 물론 좋아하는 일에는 열렬한 애정을 가지고 열중하지만, 어렵고 힘든 일이라 하더라도 쉽게 단념하지 않고 끈질기게 해내는 편이죠. 쉽사리 굴복하지 않고 계속 버티고 견뎌서 여기까지 오게 된 거라고 생각해요. 음, 단점은 종종 일에 과몰입을 한다는 거예요. 한 가지 일에 지나치게 깊이 빠져버리면 일상의 균형을 깨뜨리기도 하잖아요. 실제로 예전에 일 때문에 가족이나 친구 등 사람에게 소홀했던 적이 있었어요. 일과 삶의 균형을 맞추는 것이 얼마나 중요한지 깨닫고 난 이후로는 사소하지만 중요한 것들을 챙기려고 애쓰고 있죠.

편 자녀가 있다면 권할 만한 직업인가요?

김 저는 자녀가 없어서 그런 생각은 안 해봤는데요. 주변의 피부과의사들을 보면 가족들이 함께 병원을 운영하거나 대를 이어 하는 경우가 많더라고요. 그런 경우가 많은 걸 보면 자녀에게도 충분히 권유할 만한 직업이어서 그렇겠죠?

편 관심을 가지고 활동하는 분야 혹은 최근 새롭게 도전하는 분야가 있나요?

김 최근 들어 기능의학과 피부과학을 같이 공부하고 있어요. 앞서 요즘의 제 화두를 말씀드렸죠? 우리의 피부와 몸과 마음은 하나로 연결되어 있다는 것인데요. 이를 직관적으로 알고는 있지만, 그걸 의학적으로 증명해 나가는 과정이 따라야 해요. 그 과정에서 필요한 것이 기능의학이라 함께 공부하게 되었죠. 기능의학이란 건강을 유지하기 위한 환경적 인자와 정상적인 물질대사가 이루어지도록 하는 방법을 연구하는 학문이에요. 기능의학을 바탕으로 몸과 피부, 몸과 마음, 피부와 습관, 뇌와 행동, 의식과 행동, 피부와 마음 등 모든 연결고리를 의학적으로 검증하고 적용하기 위해 노력 중이죠. 저처럼 기능의학을 공부하는 피부과의사들의 모임이 있어서 종종 만나 함께 연구하기도 해요.

편. 피부과의사로서의 목표가 있다면요?

김. 어렸을 때는 어느 정도 수준의 학위도 갖고 싶고 개원도 하고 싶었어요. 성공에 대한 욕구가 있었죠. 그런데 이제는 그런 것들을 어느 정도 이루어서인지, 아니면 나이가 들면서 성공이나 성취보다 더 중요한 것이 있다는 생각이 들어서인지 그때와는 다른 지향점이 생기더라고요. 그 목표가 바로 '고수와 보살'이에요. 구체적으로 얘기하면, 환자가 교과서라고 생각하기 때문에 환자를 많이 보고 그만큼 경험을 쌓아 문제 피부의 고수가 되고 싶다는 거예요. 어떤 상황에서건 심리적으로 평온함을 유지하는 보살도 되고 싶고요. 문제 상황이 발생할 때마다 감정에 동요되지 않도록 경험과 실력을 쌓고 명상을 통해 평정심을 단련해 나가고 있죠.

그 외에 바람이 있다면 가끔 환자들을 대상으로 치료와 치유의 차이에 대한 교육을 하고 있는데, 온라인 강의 시간을 늘려서 더 많은 분들과 만나고 싶어요. 그리고 전에 일상생활에서의 올바른 피부 관리 습관에 관한 『밸런스 뷰티』라는 책을 낸 적이 있는데요. 이번엔 문제없는 문제 피부에 대한 제 경험들을 쉽게 풀어 대중적으로 읽힐 수 있는 저서를 준비 중이라 책을 통해 독자들과도 만나고 싶어요.

저서 『밸런스 뷰티』

📕 마지막으로 피부과의사를 꿈꾸는 청소년들에게 하고 싶은 말이 있다면요?

📗 전문가가 된다는 것은 세상을 바라보는 자신만의 뷰를 가지게 된다는 것인데요. 전문가의 뷰를 가지게 되면, 어떤 이슈를 대할 때 더 깊이 있는 접근이 가능해요. 누군가의 문제를 바라볼 때 피부과의사의 뷰로 그 본질을 헤아리는 깊은 축이 생긴 것이죠. 깊은 축을 내재한 채 피부에 문제가 있는 환자들을 만나다 보면 시야는 자연스럽게 인간 전체에 대한 관심으로 확장되기도 해요. 그럼 말 그대

로 인간에 대한 T자형 전문가가 되는 것이죠. 저는 여러분이 어떤 한 분야의 전문가를 넘어 T자형 인재가 되었으면 해요. 이제 세상은 어떤 학문의 전공자라 하더라도 다른 분야의 역량까지 요구하고 있거든요. 요즘엔 비 IT 전공자에게도 어느 정도 수준의 IT 지식을 기대하고 있잖아요. 앞으로의 사회는 더더욱 그런 방향으로 나아갈 거예요. 저 역시 그런 사람이 되기 위해 피부과학뿐만 아니라 운동과 음식, 코칭, 심리, 독서 등 인간의 웰빙이나 힐링과 관련된 모든 분야를 파고들고 있죠. 그러다 보면 어느 순간 제 안에서 N극과 S극이 만나 불이 켜지는 것과 같은 통찰이 생길 때가 있어요. 그런 경험을 위해 필요한 자질이 바로 호기심이에요. 자신의 전문 분야는 물론 새롭고 다양한 영역에 폭넓은 관심을 기울이고 알고 싶어 해야 하죠. 늘 호기심을 잃지 말고 우리 사회의 다양한 문을 두드려 보세요. 전문성에 통찰력까지 겸비한다면, 다른 분야의 세계를 자유자재로 활용할 수 있는 미래의 인재가 되어 세상을 바라볼 수 있을 거예요.

청소년들의 진로와 직업 탐색을 위한
잡프러포즈 시리즈 34

피부과학의 전문가
피부과의사

2020년 12월 10일 | 초판1쇄
2023년 6월 1일 | 초판3쇄

지은이 | 김지영
펴낸이 | 유윤선
펴낸곳 | 토크쇼

편집인 | 박가영
디자인 | 이민정
마케팅 | 김민영

출판등록 2016년 7월 21일 제2019-000113호
주소 | 서울시 서초구 나루터로 69, 107호
전화 | 070-4200-0327
팩스 | 070-7966-9327
전자우편 | myys327@gmail.com
ISBN | 979-11-88091-99-7 (43190)
정가 | 15,000원